REALIDADES
DE LA
NUEVA
CREACIÓN

REALIDADES
DE LA
NUEVA
CREACIÓN

E. W.
KENYON

WHITAKER
HOUSE

A menos que se indique lo contrario, todas las citas bíblicas son tomadas de la versión *Santa Biblia, Reina-Valera 1960*, © 1960 Sociedades Bíblicas en América Latina; © renovada 1988 Sociedades Bíblicas Unidas. Usadas con permiso. Las citas bíblicas marcadas (MOFFATT) son traducidas de la versión en inglés *The Bible: James Moffatt Translation*, © 1922, 1924, 1925, 1926, 1935 por HarperCollins San Francisco; © 1950, 1952, 1953, 1954 por James A. R. Moffatt. Las citas bíblicas marcadas (WAY) son traducidas de la versión en inglés *The Letters of St. Paul to Seven Churches and Three Friends with the Letter to the Hebrews*, segunda edición, traducido por Arthur S. Way, © 1906, The MacMillan Company.

Traducción al español realizada por:
Belmonte Traductores
Manuel de Falla, 2
28300 Aranjuez
Madrid, ESPAÑA
www.belmontetraductores.com

REALIDADES DE LA NUEVA CREACIÓN:
Una revelación de la redención
(Publicado originalmente en inglés bajo el título:
New Creation Realities: A Revelation of Redemption)

ISBN: 978-1-62911-191-9
eBook ISBN: 978-1-62911-192-6
Impreso en los Estados Unidos de América
© 2014 por Whitaker House

Whitaker House
1030 Hunt Valley Circle
New Kensington, PA 15068
www.whitakerhouse.com

Por favor, envíe sugerencias sobre este libro a: comentarios@whitakerhouse.com.

1 2 3 4 5 6 7 8 9 10 11 ⨀ 21 20 19 18 17 16 15 14

CONTENIDO

PRIMERAS PALABRAS

Una serie de mensajes del corazón sobre las *Realidades de la Nueva Creación*. Pequeños estudios sobre grandes temas. Investigaciones acerca del "el hombre oculto del corazón".

Hemos encontrado el secreto que los psicólogos llevan buscando durante tanto tiempo.

Es "el hombre interior"; es el espíritu recreado; es la parte del hombre con la que trata Dios.

Una profundización en la vida de amor de los hijos de amor, donde el "escondido hombre del corazón" gobierna.

Encontrará algunas sugerencias acerca del combate del espíritu recreado con los sentidos que gobiernan a este hombre externo.

Es realmente una revelación de lo que somos en Cristo hoy; de lo que Él dice que somos; lo que Él nos ha hecho ser en su gran obra redentora.

Estos mensajes están extraídos principalmente de las epístolas.

No están completos, sino son sugerencias para animarle a estudiar con más profundidad estas riquezas escondidas.

Hemos sabido que no se puede conocer al Encarnado como le hemos visto en los cuatro Evangelios, a menos que hayamos tenido la oportunidad de familiarizarnos con Él en las epístolas.

En los Evangelios, Él es el Hombre solitario de Galilea, el humilde desconocido, que termina su camino terrenal en el Calvario.

En las epístolas, Él es el resucitado, el triunfador, el conquistador de la muerte, del pecado y de Satanás.

Él es el Redentor resucitado de la humanidad, quien ha cumplido con las demandas de la justicia y ha satisfecho toda sentencia contra la humanidad.

Él hizo posible la nueva creación, una nueva raza de hombres que pueden estar en la presencia de Dios sin sentimiento de culpabilidad, condenación o inferioridad.

EL PORQUÉ

Las epístolas paulinas siempre deben destacar como la obra de un súper genio o una revelación divina.

Revelan lo que ocurrió en la cruz y lo que siguió durante los tres días y tres noches hasta que el Hombre resucitó de la muerte.

Uno no puede entender el gran hecho sustitutorio en los cuatro Evangelios.

Tampoco podemos encontrar la revelación de la nueva creación; ni podemos descubrir el ministerio de Jesús a la diestra del Padre.

Los cuatro Evangelios nos dan una visión del Hombre según el conocimiento de los sentidos. Las personas vivieron sus milagros, se abrumaron ante el hecho de saber que estaban en presencia de Dios.

Le llaman el Hijo de Dios.

Le ven vencer a Satanás y a los demonios, pero no existe el indicio de que Él vaya a hacerles conquistadores de demonios, de la muerte y de la enfermedad.

Lo que Él les dice en relación a esto está velado porque son espiritualmente incapaces de entender las realidades espirituales.

No han experimentado aún el extraño fenómeno del nuevo nacimiento.

Por eso la revelación paulina es un golpe maestro de gracia divina.

Nos introduce en el secreto divino del poderoso propósito de Dios con la encarnación.

En los Evangelios, Jesús actúa como deidad, habla como deidad, muere como deidad y vence a la muerte como Dios.

Era Dios manifestado en carne en su camino terrenal y era Dios en el Espíritu en su sacrificio sustitutorio.

A la diestra de Dios tiene un cuerpo glorificado y es la Cabeza de la nueva creación.

Verá que Él hizo una obra perfecta para nosotros, y el Espíritu a través de la Palabra hace una obra perfecta en nosotros, ya que Jesús está hoy a la diestra del Padre haciendo una obra perfecta por nosotros.

Capítulo 1

LA PALABRA VIVA

Nuestra actitud hacia la Palabra determina el lugar que Dios ocupa en nuestra vida diaria.

La Palabra siempre debería ser el Padre hablándonos. Nunca debería ser como el mensaje de un libro común.

Debería ser tan real para usted como si el Maestro estuviera delante en la habitación y le hablara personalmente.

Esta Palabra fue diseñada por el Padre para que ocupara el lugar de Jesús durante su ausencia.

Cuando Él dice: *"Pues el Padre mismo os ama"* (Juan 16:27), es un mensaje personal para su corazón.

Cuando el Maestro volvió a decir: *"El que me ama, mi palabra guardará; y mi Padre le amará, y vendremos a él, y haremos morada con él"* (Juan 14:23), eso debería ser tan personal como si usted fuera la única persona en el mundo.

Es como si usted estuviera sentado a los pies de Jesús, y Él mirase a su rostro y dijera: "El Padre y yo vendremos y haremos nuestra morada contigo.

"No desmayes, porque yo soy tu Dios.

"Voy a ser tu fortaleza; voy a prestarte mi propia capacidad.

"Cuando llegue la debilidad, recuerda que yo soy la fortaleza de tu vida.

"Cuando necesites recursos económicos, recuerda que yo dije: *'Vuestro Padre sabe de qué cosas tenéis necesidad'* (Mateo 6:8)".

Puede susurrarle a su propio corazón: "Mi Padre suplirá cada una de mis necesidades. Él conoce mis necesidades y me ama. Él y yo somos uno".

La palabra del hombre normalmente está muerta antes de que la imprenta haya terminado su trabajo. Pocas palabras de los hombres viven después de una generación, pero la Palabra de Dios es diferente. Está impregnada con la misma vida de Dios, es eterna.

Hebreos 4:12–13 nos da una ilustración:

Porque la palabra de Dios es viva y eficaz, y más cortante que toda espada de dos filos; y penetra hasta partir el alma y el espíritu, las coyunturas y los tuétanos, y discierne los pensamientos y las intenciones del corazón. Y no hay cosa creada que no sea manifiesta en su presencia; antes bien todas las cosas están desnudas y abiertas a los ojos de aquel a quien tenemos que dar cuenta.

Esta es una de las declaraciones más perplejas acerca de la Palabra en las epístolas de Pablo.

Observe este versículo 13: "*Y no hay cosa creada que no sea manifiesta en su presencia*".

¿De quién está hablando? La Palabra viva, el *Verbo*.

La versión Moffatt dice: "Antes bien todas las cosas están desnudas y abiertas a los ojos de aquel a quien tenemos que dar cuenta".

La Palabra adopta personalidad; se convierte en Cristo mismo. Nuestro contacto con el Maestro, entonces, es mediante su Palabra.

Y observó, "a los ojos de aquel". La Palabra entonces tiene ojos. Ve nuestra conducta, nuestra actitud hacia ella. Es algo vivo. Esto debería quedar grabado profundamente en nosotros.

Tengo en mis manos un libro con la misma vida de Dios en él, un libro que analiza mi conducta; que me juzga. Un libro que alimenta mi hombre interior: mi espíritu. Imparte fe a mi espíritu, construye amor en él. El único medio de Dios de alcanzarme es a través de su Palabra. Por lo tanto, la Palabra se convierte en algo vital.

Ha sido bastante difícil para algunos de nosotros entender el hecho de que durante el primer siglo la iglesia no tuviera nuestro Nuevo Testamento.

La primera epístola que escribió Pablo a los Tesalonicenses fue el comienzo del Nuevo Testamento. Fue escrita diecisiete años después de su conversión.

Por lo cual también nosotros sin cesar damos gracias a Dios, de que cuando recibisteis la palabra de Dios que oísteis de nosotros, la recibisteis no como palabra de hombres, sino según es en verdad, la palabra de Dios, la cual actúa en vosotros los creyentes. (1 Tesalonicenses 2:13)

Esta Palabra de Dios era lo único que tenían, ya fuera que la diera Pablo, o Pedro o Juan, o cualquiera de los apóstoles. Era Dios hablando a través de labios humanos. Aún no había sido escrita.

Ahora puede entender mejor Hechos 19:20, que habla del gran avivamiento en Éfeso. Lucas usó esta expresión: *"Así crecía y prevalecía poderosamente la palabra del Señor".*

Era la Palabra hablada. La revelación paulina solo era conocida para los que le habían oído. Los otros apóstoles no la tenían. Ellos tenían lo que el Espíritu les daba para suplir la urgencia del momento.

Es un hecho que el cristianismo es lo que la Palabra dice acerca de la redención, acerca del cuerpo de Cristo, o de la nueva creación.

Llegamos a ser semejantes a Cristo en la medida en que la Palabra prevalece en nosotros.

La Palabra es Cristo revelado.

La Palabra es Dios presente con nosotros, hablando el mensaje vivo del amoroso Dios Padre. La Palabra es siempre AHORA. Es su Palabra para mí hoy. Es su voz, su último mensaje. Se convierte en algo vivo en mi corazón cuando actúo en base a ella. Se convierte en algo vivo en los labios de amor. No tiene poder en los labios de aquellos cuyas vidas están fuera de la comunión con Él, que viven en la esfera de la razón.

Su Palabra hace que nuestro ministerio sea ilimitado.

Su Palabra es lo que Él es.

Es la mente del Padre.

Es la voluntad del Padre.

Muestra el camino al Padre.

La Palabra es el Padre hablando.

Se dará cuenta de que es siempre en tiempo presente.

La Palabra es el pan del cielo, comida para nuestro espíritu.

"No solo de pan vivirá el hombre, sino de toda palabra que sale de la boca de Dios" (Mateo 4:4).

Jeremías 15:16 dice: *"Fueron halladas tus palabras, y yo las comí; y tu palabra me fue por gozo y por alegría de mi corazón"*.

Job nos dice lo preciosa que es la Palabra para él: *"Del mandamiento de sus labios nunca me separé; guardé las palabras de su boca más que mi comida"* (Job 23:12).

Cuando un hijo de Dios ve la Palabra de Dios como la veía Job, entonces se convierte en una realidad en su vida diaria. Job no tenía la Palabra escrita; tenía la Palabra hablada por medio de ángeles.

Nosotros tenemos la Palabra escrita. La tenemos impresa en muchas formas y la podemos llevar en nuestro bolsillo. Qué poco hemos apreciado el valor de su mensaje.

"Envió su palabra, y los sanó" (Salmos 107:20).

Esa Palabra viva que Él envió fue Jesús.

Y el Señor, después que les habló, fue recibido arriba en el cielo, y se sentó a la diestra de Dios. Y ellos, saliendo, predicaron en todas partes, ayudándoles el Señor y confirmando la palabra con las señales que la seguían. (Marcos 16:19–20)

Observe que el Señor trabajó con ellos. Creo que un avivamiento surgiría casi en cualquier lugar si el Señor trabajara con los que predican, y si la Palabra fuera tan real para ellos como la Palabra hablada lo era para la iglesia primitiva.

Pero la palabra del hombre ha ganado importancia y tiene más autoridad que su Palabra hoy día. Él confirma la Palabra hoy en todo lugar donde se predica. Quiero que observe cómo el Padre verifica la Palabra en las vidas de hombres y mujeres cuando estos se atreven a ponerla en práctica.

En la frase final del evangelio de Mateo: *"Y he aquí yo estoy con vosotros todos los días, hasta el fin del mundo"* (Mateo 28:20), el creyente puede estar seguro de que aunque todos se olviden de Él, hay Alguien que siempre estará con él. Pero lo que más se ha grabado en mi corazón es la realidad de Dios en la Palabra.

Él no solo está en la Palabra, sino que sopla su vida mediante ella cuando esta se despliega.

Él dijo: *"Porque donde están dos o tres congregados en mi nombre, allí estoy yo en medio de ellos"* (Mateo 18:20).

Él está en medio de ellos en la Palabra.

Jesús dijo: *"El que me ama, mi palabra guardará; y mi Padre le amará, y vendremos a él, y haremos morada con él"* (Juan 14:23).

Ojalá pudiéramos darnos cuenta de que cuando abrimos la Palabra, es algo vivo que estamos plantando en los corazones de los hombres.

La Palabra es Dios presente con nosotros hablándonos el mensaje vivo del Dios Padre vivo.

Es la Palabra AHORA de Él para mí. Es su voz.

Se convierte en algo vivo en el corazón de fe.

En Romanos 10:8, se llama *"la palabra de fe"*.

Es su Palabra la que da a luz la fe en el creyente. Es la fe de Dios expresada.

Él es un Dios de fe y siempre usa palabras para hacer las cosas.

"Por la fe entendemos haber sido constituido el universo por la palabra de Dios" (Hebreos 11:3).

Óigale susurrar: *"Por mí mismo he jurado"* (Génesis 22:16).

Él estaba en la Palabra. La Palabra era una parte de Él. Usted no puede separar a un hombre de sus palabras; tampoco puede separar al Padre de sus palabras.

Cómo me emociono cuando leo en Hebreos 7:22 que Jesús es la certeza del nuevo pacto. El nuevo pacto es la Palabra, y Él es la certeza de la Palabra. La Palabra era un hecho vivo cuando Jesús la habló. Sigue siendo un hecho vivo.

Jesús era parte de todo lo que Él dijo; Él y su Palabra eran uno.

Jesús es tan real ahora como lo era el día que resucitó de la muerte.

Su Palabra es tan real ahora como cuando inspiró a Juan, o Pedro, o Pablo a escribirla. Lo que Él dijo era parte de sí mismo. La realidad late en ella, fluye a través de ella, vive en ella. La Palabra era; la Palabra es ahora lo que era entonces.

Estas son algunas cuantas frases más:

+ *"Jehová es mi pastor"* (Salmos 23:1).

+ En Juan 10:14, Jesús dijo: *"Yo soy el buen pastor"*.

+ *"No temas, porque yo estoy contigo; no desmayes, porque yo soy tu Dios"* (Isaías 41:10).

✦ *"Si Dios es por nosotros, ¿quién contra nosotros?"* (Romanos 8:31).

✦ *"Todo lo puedo en Cristo que me fortalece"* (Filipenses 4:13).

✦ *"Jehová es la fortaleza de mi vida; ¿de quién he de atemorizarme?"* (Salmos 27:1).

✦ *"Mi Dios, pues, suplirá todo lo que os falta conforme a sus riquezas en gloria en Cristo Jesús"* (Filipenses 4:19).

✦ *"Mi socorro viene de Jehová"* (Salmos 121:2).

✦ *"Bienaventurado el hombre que tiene en ti sus fuerzas"* (Salmos 84:5).

✦ *"En Dios está mi roca fuerte, y mi refugio"* (Salmos 62:7).

Estas son palabras vivas, y si usted se alimenta de ellas le edificarán. El conocimiento de lo que Cristo es y ha hecho por usted personalmente edifica fe en usted.

Cuando acudo a la Palabra y la leo como su mensaje para mí, Él confirma ese mensaje en mi vida. Él confirmó el pacto hecho con Abraham. Él confirmó la Palabra que Jesús habló a través de los apóstoles. (Véase Marcos 16:20).

Jesús dijo en Juan 14:15: *"Si me amáis, guardad mis mandamientos"*.

¿Cuál fue su mandamiento? Que nos amásemos unos a otros.

"El que tiene mis mandamientos, y los guarda, ése es el que me ama; y el que me ama, será amado por mi Padre, y yo le amaré" (Juan 14:21).

Aquí hay algunos otros hechos que debiéramos recordar.

Y cuando él [el Espíritu] venga, convencerá al mundo de pecado, de justicia y de juicio. De pecado, por cuanto no creen en mí; de justicia, por cuanto voy al Padre, y no me veréis más; y de juicio, por cuanto el príncipe de este mundo ha sido ya juzgado. (Juan 16:8–11)

¿Qué va a convencer al mundo? La Palabra en los labios de fe. Solo esa palabra viva en los labios de fe puede tomar el lugar de un Cristo ausente.

La Palabra nos habla. Toma el lugar de Jesús.

La Palabra es el Padre hablándonos ahora. Tiene la misma autoridad que tendría si el Maestro estuviera de pie en la sala y la pronunciara. La fe en el Padre es fe en su Palabra. La Palabra tiene todo lo que nuestra fe demanda.

Jesús dijo: *"Conforme a vuestra fe os sea hecho"* (Mateo 9:29).

Cuando usted medita en la Palabra y actúa en base a ella, se convierte en algo real para usted.

Este libro, la Palabra viva, tiene a Dios en él. La Palabra ocupa el lugar del Jesús invisible. La meditación en la Palabra es como una visita a Jesús.

En Josué 1:8 Dios le dijo a Josué que meditara en la Palabra, de día y de noche; en otras palabras, que viviera en ella.

Jesús dijo: *"Si vosotros permaneciereis en mi palabra"* (Juan 8:31).

La Palabra entra en su sangre, en su sistema, y se convierte en parte de usted.

La Palabra es inspirada. Los hombres santos la hablaron siendo movidos por el Espíritu Santo, siendo mantenidos en su vida espiritual.

Dios habló por boca de los santos profetas.

"Las palabras que yo os he hablado son espíritu y son vida" (Juan 6:63).

Cada palabra que Dios habla tiene vida en ella.

Recuerde Hebreos 4:12: *"Porque la palabra de Dios es viva"*. No es como las palabras de los hombres que mueren después de una generación; la Palabra de Dios vive.

Me encanta pensar en ella como la "Palabra prevaleciente", como fue en Éfeso. ¡Cómo conquistó a esa malvada ciudad!

Hoy día, el Verbo de Dios está gobernando en los corazones de los que se rinden a su influencia. La Palabra tiene la autoridad de Dios en ella ahora. Tiene la justicia de Dios en ella. Tiene poder recreador para los inconversos. Tiene poder sanador para los enfermos. Es el pan del cielo para los hambrientos de espíritu.

Desearía que esto pudiera ser así: que cuando usted tome la Palabra, signifique que Dios está presente con usted y que la Palabra sea su actitud hacia usted ahora.

Es la actitud de Dios hacia el pecado, hacia la redención, hacia la justicia, hacia la vida eterna, hacia los hijos e hijas de Dios.

Esa es la actitud del Padre hacia todos los asuntos de la vida.

La Palabra es la voluntad del Padre.

Dios cuida su Palabra.

Lo que Dios dice, será.

Dios es verdad, así que yo seré veraz.

Dios es luz, así que yo caminaré en la luz.

Mire, aprendemos a poner en práctica la Palabra, como ponemos en práctica la palabra de un banquero o un abogado en alguna crisis de nuestra vida.

Me pregunto si alguna vez se dio cuenta de que el Padre es celoso de su Palabra.

Él nunca la subestima. Él siempre la tiene en máxima estima.

Si Él lo dijo, no hay más que decir.

Para los enemigos de Dios, es solo papel y tinta; pero para quienes le aman, es vida y salud; es un gozo inexplicable.

La predicación que produce poca convicción se debe a que la Palabra no ha estado en el corazón del maestro.

Debemos ser sembradores de la Palabra. Jesús nos dio, en Mateo 13, una imagen maravillosa del arte de predicar. Es sembrar la Palabra. Cae sobre todo tipo de corazones, pero la irrigación del terreno depende del sembrador. Si la regamos con oración y a veces con lágrimas, está destinada a dar una buena cosecha.

Algunos olvidamos la Palabra en lugares difíciles. Inconscientemente caminamos por vista. Los sentidos se llevan la realidad de la Palabra, pero a medida que el espíritu adquiere importancia sobre los sentidos, la Palabra tiene una vez más su lugar.

Recuerde: su palabra es usted. Tiene que aprender a decir: "Di mi palabra; debo cumplirla, sin importar el costo". Si su palabra no tiene valor, razonará que la Palabra de Dios no tiene valor.

He descubierto que la incredulidad en la Palabra de Dios se debe principalmente a una falta de fe de las personas en su propia palabra. Si quiere edificar el tipo más alto de fe, sea usted mismo una persona de fe. Crea en su propia palabra. Establezca una reputación por la verdad; entonces la Palabra será eso para usted en su vida.

Estos son algunos pequeños hechos que pueden significar mucho para su vida. La Palabra está en mis manos. ¿Qué voy a hacer con ella? ¿Voy a ponerla en práctica, dejando que gobierne mi vida, o solo la estudiaré? ¿Me sentaré en la clase bíblica y estudiaré, y luego regresaré a mi cuarto y la estudiaré pero no la viviré? ¿No permitiré que se convierta en parte de mi vida, sino que sea tan solo un ejercicio intelectual?

La Palabra está tomando el lugar del Maestro en mi vida.

Lo que hago con la Palabra determinará lo que la Palabra hará en mí uno de estos días.

La Palabra obrará en mí, construyendo la vida de Jesús en mí, edificando vida, fe, amor, gracia y fuerza en mí, o si no me juzgará en el día final.

¿Qué hará por mí? Actuará en mí.

Si la predico y la vivo, trabajará en mí. Me revelará las riquezas de mi herencia.

Me dará valor para entrar y gozarme en mi herencia. Edificará en mí la firmeza del Maestro.

El mismo carácter de Cristo se formará en mí, y solo Él sabe lo que hará a través de mí.

Ha salvado a los perdidos; ha sanado a los enfermos; ha creado fe y amor en las multitudes.

"La palabra de Cristo more en abundancia en vosotros" (Colosenses 3:16).

También se puede empapar de la Palabra y la Palabra empaparse de usted, para que su palabra y la Palabra de Dios se mezclen formando una. Será su lenguaje y sus palabras, pero será la Palabra de Dios. La Palabra de Dios en usted se convierte en parte de usted. Le ha hecho ser lo que es; hará que otros sean como usted. Usted se pierde en su Palabra, pero la Palabra se encuentra en usted.

La Palabra se hizo carne una vez. Se está haciendo espíritu en su espíritu. La Palabra mora abundantemente en su práctica, en su conversión, en su oración, en sus convicciones. Usted está usando la Palabra para echar fuera enfermedades, para dar dinero a la gente, para salvar almas perdidas. Esta Palabra y usted se han hecho uno.

Recuerde que durante más de cincuenta años después de la muerte de Cristo, la palabra escrita se conocía solo de una forma muy limitada. El Nuevo Testamento no se compuso hasta la mitad del segundo siglo. Las Palabras que Jesús habló aún no se habían escrito. Era la "Palabra hablada", pero Él estaba en ella. Eran parte de Cristo y contenían la naturaleza de Cristo.

Recuerde: *"La palabra de Dios que vive y permanece"* (1 Pedro 1:23). De acuerdo, hable la Palabra y esta vivirá en las vidas de los hombres que le oigan.

Dios dijo: "*Yo apresuro mi palabra*" (Jeremías 1:12). Él cuidará la Palabra que usted predique y enseñe.

Jesús dijo: "Si mis palabras están vivas en usted y usted las habla, yo viviré en ellas cuando salgan de sus labios". La Palabra de Cristo se convierte en algo vivo en sus labios.

Declare la Palabra sin temor.

Permita que la Palabra viva en usted de manera gloriosa y abundante.

Capítulo 2

TRATAR LA PALABRA COMO SI FUERA UN LIBRO COMÚN

Este título conlleva la razón del corazón para el fracaso espiritual.

Es la razón por la que en la vida diaria, el creyente se derrumba, por la que el adversario no tiene problemas para vencerle en una crisis; la razón por la que es un autoestopista espiritual, siempre dependiendo de las oraciones de otra persona, de la sabiduría de otro, de la interpretación de la Palabra de otro.

No tiene vida propia e independiente de otros.

En la familia de Dios, es alguien que dice "sí a todos", pero siempre es un "sí" en el lugar erróneo. Pablo le describe en Hebreos 5:12. Me estremezco al darle este versículo; es muy personal en muchas vidas: *"Porque debiendo ser ya maestros, después de tanto tiempo, tenéis necesidad de que se os vuelva a enseñar cuáles son los primeros rudimentos de las palabras de Dios"*.

Es una pena que haya olvidado los primeros pasos de esta vida divina. En vez de caminar en la plenitud, la libertad y las riquezas de su gracia, se ha detenido en seco. No ha habido crecimiento ni desarrollo en su vida. La Palabra no significa mucho para usted. Oh, hay ciertos versículos que conoce que le condenan y le hacen sentir mal, pero no hay vida en la Palabra para usted.

"Lámpara es a mis pies tu palabra, y lumbrera a mi camino" (Salmos 119:105), pero no es eso para usted.

La Palabra duele, y corta, hiere y le hace sentir infeliz cuando la lee, cuando debería ser maná y comida para usted. Observe con qué ternura dijo: *"Que se os vuelva a enseñar cuáles son los primeros rudimentos"*, los comienzos de la vida de fe. ¿Por qué? Porque en vez de vivirla, ponerla en práctica y tomar su lugar en la Palabra, se ha quedado siendo un bebé, un espíritu no desarrollado. Su mente nunca ha sido renovada por la Palabra. Usted ve que no puede ser renovada hasta que comience a ponerla en práctica.

Jesús llegó a la raíz primaria del asunto en Mateo 7:24–26. Él dijo:

Cualquiera, pues, que me oye estas palabras, y las hace, le compararé a un hombre prudente, que edificó su casa sobre la roca. Descendió lluvia, y vinieron ríos, y soplaron vientos, y golpearon contra aquella casa; y no cayó, porque estaba fundada sobre la roca. Pero cualquiera que me oye estas palabras y no las hace, le compararé a un hombre insensato, que edificó su casa sobre la arena.

La primera gran ola le zambulló en el mar.

Lo siento por estas personas. Les tienen que alimentar con leche todo el tiempo. Les encontrará en la guardería infantil. Siempre tienen un biberón. Algunos tienen el biberón incorrecto. No está lleno de la leche sincera de la Palabra.

Son bebés en toda su conducta.

Pablo en 1 Corintios 3:3: *"Porque aún sois carnales"*. Eso significaba que viven por los sentidos; se dejan gobernar por los sentidos; son guiados por los sentidos. Todas sus enfermedades son debidas a sus sentidos. Dice que están caminando según los hombres, o como "meros hombres" del mundo. Son solo personas del mundo. No ha habido cambio, ni crecimiento, ni desarrollo en su vida de ningún tipo. Están tratando la Palabra como si fuera un libro común. No pueden recibir su sanidad. Otros tienen que orar por ellos y son una carga para la iglesia. Son un lastre espiritual.

Si se diera el caso de que fueran hombres de habilidad y de posición en la comunidad, y la iglesia les diera un oficio o un lugar de responsabilidad, se convertirían en una carga mortal para la iglesia.

Nunca están en la clase bíblica.

No tienen oración familiar, y raras veces piden la bendición por los alimentos.

Pertenecen a una clase de autoestopistas.

Su fe es siempre débil.

Les verá ir al altar pero nunca reciben nada. El altar es un lugar para bebés, para recibir un impulso para ir a la Palabra y alimentarse de ella. No es un fin en sí mismo. Es tan solo el principio.

Pero si les ve ir al altar año tras año, usted sabe que se han convertido en lisiados espirituales habituales. Satanás les gobierna mediante los sentidos. Tienen miedo a la muerte. Tienen miedo a encontrarse con el Señor. Han desechado los privilegios de la vida porque se tomaron a la ligera la Palabra de Dios.

Algunos hechos que debemos estudiar en conexión con esto

Cuando le pido a otro que ore por mi sanidad o que ore por cualquiera de mis necesidades crónicas, rechazo el don de mi sanidad, dudo de la palabra del Dador.

Repudio mi propia justicia en Cristo, y rehúso ocupar mi lugar en Cristo como hijo.

Sé que nadie tiene una posición mejor que la mía. Nadie tiene un lugar mejor en la Vid que yo.

Nadie puede obtener vida de la Vid con más facilidad que yo. Yo soy lo que Él me hizo en Cristo.

Mi justicia me fue dada en Cristo.

Mi derecho a usar el nombre de Jesús es un regalo, pero yo he repudiado todo esto.

He sido negligente a la hora de desarrollar mi don. He ignorado la advertencia de mi Señor. ¡No estudio la Palabra para vivirla!

Sé que mi enfermedad se debe a mi condición espiritual.

Sé que he caminado según los sentidos y no según el Espíritu.

Sé que la sanidad no puede ser permanente en mi cuerpo hasta que mi espíritu se ajuste a la Palabra.

Si la enfermedad no es espiritual, Él no podría haber hecho enfermar el espíritu de Cristo con mis enfermedades, y si mi cuerpo está lleno de enfermedad, es porque mi espíritu no está en armonía con la Palabra.

Me estoy rebelando contra la enfermedad y luchando contra el dolor, pero no lucho contra la causa de mi enfermedad. Lucho contra los efectos de la misma. Como puede *ver*, hasta que no tomo mi lugar en Cristo y comienzo a poner en práctica la Palabra y me convierto en un hacedor de la Palabra en vez de un hablador, no dejaré de ser un fracaso. La enfermedad es triple: espiritual, mental y física.

¡Todos están enfermos de espíritu antes de estar enfermos en el cuerpo!

Ve, aquí es donde radica el problema. Santiago 1:22 nos dice: *"Pero sed hacedores de la palabra, y no tan solamente oidores, engañándoos a vosotros mismos"*.

Uno se puede quedar en esa condición, hasta que después de un tiempo comienza a creer que está bien y que Dios está equivocado, y leo irá quejarse: "¿Por qué Dios pone estas cosas en mí?", y algún maestro no muy sabio dirá: "Te está probando para disciplinarte".

Yo le digo que Él nunca usa al diablo para disciplinar a sus hijos. La enfermedad es del diablo.

Usted está sufriendo los resultados de rehusar ocupar su lugar en Cristo.

Rehúsa estudiar para mostrarse aprobado ante Él.

Ha rehusado alimentarse de la Palabra.

Tuvo la oportunidad de estudiar pero no la aprovechó.

Prefirió leer la literatura del momento que leer la Palabra del cielo.

El gran corazón del Maestro le está anhelando.

La intercesión de Él ha sido inefectiva hasta ahora. No puede ser efectiva hasta que la Palabra obre eficazmente en su espíritu.

Usted debe estudiar para mostrarse aprobado ante Dios.

Capítulo 3

LOS CUATRO EVANGELIOS EN CONTRASTE CON LAS EPÍSTOLAS PAULINAS

En los primeros tiempos de mi ministerio, la filosofía alemana había ganado importancia en muchas de nuestras instituciones teológicas, y se produjo un extraño nuevo lema.

Seguro que usted lo ha oído continuamente: "Regresar a Jesús".

Captó mi imaginación pero no sabía lo que significaba.

Después oí a uno de nuestros líderes decir que Pablo tuvo demasiada influencia sobre la iglesia, y que tenemos que dejar la revelación paulina y "regresar a Jesús".

Ese fue realmente el comienzo de mi estudio de la revelación paulina. Los cuatro Evangelios, recordará usted, se escribieron años después de la resurrección de Cristo.

El Evangelio de Lucas se escribió entre el 63 y el 80 d.C.

El Evangelio de Juan se escribió entre el 80 y el 110 d.C.

Eso significa que pasaron dos generaciones después de la resurrección de Jesús antes de que Juan escribiera.

En mi estudio, destaco este extraño dato, que Pablo citó a Jesús solo dos veces, y en el Evangelio de Juan había solo dos rasgos de la revelación paulina.

Uno es Juan 1:16–17: *"Porque de su plenitud tomamos todos, y gracia sobre gracia. Pues la ley por medio de Moisés fue dada, pero la gracia y la verdad vinieron por medio de Jesucristo"*.

Comencé a preguntarme por qué los cuatro Evangelios no contenían nada de la revelación paulina.

Después descubrí que narraban solo eventos hasta la resurrección y la ascensión.

Ellos sabían lo que había ocurrido en el día de Pentecostés y de la tremenda agitación que siguió tras la predicación del apóstol en Jerusalén, Samaria y en el imperio romano; sin embargo, nunca hicieron mención de ello.

Me preguntaba cómo Juan podía haber escrito su evangelio como lo hizo, sabiendo que había pasado por el gran avivamiento de Jerusalén; que había sido parte de todos esos asombrosos milagros hasta la destrucción de Jerusalén, cuando él mismo fue desterrado de la tierra santa; y saber los milagros que habían acontecido en su ministerio antes de ser desterrado a la isla de Patmos, y aun así, no nos contó ninguna de esas cosas maravillosas que habían ocurrido.

Usted recordará que en Juan 20:30–31 él declaró:

Hizo además Jesús muchas otras señales en presencia de sus discípulos, las cuales no están escritas en este libro. Pero éstas se han escrito para que creáis que Jesús es el Cristo, el Hijo de Dios, y para que creyendo, tengáis vida en su nombre.

Como verá, el motivo de su escritura fue que nosotros tuviéramos fe en Cristo.

Entonces le dije a Juan, en mi imaginación: "Hermano, ¿por qué no nos has contado más de los milagros que ocurrieron en tu ministerio mediante el nombre de Jesús?".

Y entonces me pareció como si Juan me respondiera: "Escribí solo lo que el Espíritu Santo me dio".

Después vi uno de los mayores milagros literarios de todos los tiempos.

Los cuatro hombres que habían escrito estos Evangelios habían estado encerrados, por así decirlo, por el Espíritu Santo. No habían podido dar su interpretación de los milagros o del significado de los mismos. Escribieron solo lo que Él les había permitido, o mejor, lo que les había inspirado a escribir.

No se puede concebir que alguien escriba un libro como Lucas o Mateo, o Juan o Marcos que tuviera las experiencias que ellos tuvieron, sin que esas experiencias se inmiscuyeran en la biografía del hombre de quien fueron escritas.

Estos son algunos hechos:

Juan no escribió durante más de setenta años después de la ascensión de nuestro Señor.

Debió de haber conocido de la revelación paulina.

Las cartas de Pablo habían tenido cierta circulación durante estas dos generaciones, y Juan había conocido a Pablo y le había visitado.

Había sabido de labios de Pablo lo que Cristo había hecho por él en su gran sacrificio sustitutorio, y sin embargo no hay indicación de ello en su evangelio.

Lucas, un convertido de Pablo, viajó con él unos dieciocho años.

Había sido el ayudante de Pablo y había cuidado de él cuando estaba en la cárcel, y a la vez le desafío a leer su evangelio y encontrar ni tan siquiera una frase que indique que conocía aunque fuera una parte de la revelación paulina.

Lo mismo ocurre en el libro de Hechos.

Este es otro milagro literario.

Lucas amaba a Pablo. Vivió en la conciencia de la obra terminada de Cristo.

El ministerio de Cristo a la diestra del Padre fue uno de los hechos más distinguidos de su vida sin lugar a duda, y sin embargo nunca lo menciona.

Marcos fue el compañero de Pablo durante años, y aun así no se ve indicio alguno del sacrificio sustitutorio de Cristo en su evangelio.

Observemos algunas de las cosas que ellos sabían pero pasaron por alto por completo:

Ninguno menciona a Cristo como un Sustituto, el que cargó el pecado, el que expulsaría el pecado mediante su propio sacrificio.

La nueva creación no estaba desarrollada.

Juan nos da la pequeña charla que Jesús tuvo con Nicodemo, pero el principal de Israel no lo entendió.

Juan tuvo una gran oportunidad ahí de haber introducido lo que había llegado a saber acerca de la nueva creación.

No se menciona palabra alguna acerca de que Cristo se convirtiera en nuestra justicia, o cómo fue entregado por nuestras iniquidades y elevado cuando fuimos justificados.

No se menciona ni una palabra del cuerpo de Cristo. Lo más cercano es Juan 15:5, donde Jesús dijo: *"Yo soy la vid, vosotros los pámpanos"*.

Qué oportunidad tuvo Juan entonces de desarrollar el tema, y cuánto nos habríamos alegrado si lo hubiera hecho. No, Dios le encerró y le permitió decir exactamente lo que Él quería que dijera y nada más.

No hay nada acerca del gran ministerio de nuestro Maestro a la diestra del Padre, de que es un Mediador, Intercesor, Abogado, Sumo Sacerdote y Señor.

Todo esto resume el tremendo hecho de que cuando usted lee los cuatro Evangelios, está ante la presencia de Dios mismo, invisible, pero presente.

Él es el Autor de estos documentos incomparables.

Él está ahí revelando a su Hijo, y el Hijo le está revelando a Él.

En las epístolas paulinas tenemos al Padre revelando la obra que llevó a cabo en su Hijo y a través de Él. También está revelando la familia, el cuerpo de Cristo, los hijos de Dios.

Pero estamos interesados en otra fase de ello: un contraste entre la revelación paulina y la enseñanza de Jesús. El tratamiento que hace Pablo de la fe es una ilustración.

Jesús continuamente anima a sus lectores, los hijos de ese primer pacto, a creer.

En versículos como Marcos 9:23, Jesús dijo: *"Al que cree todo le es posible"*.

Otra vez dijo a sus discípulos en medio de la tormenta en el mar: *"¡Hombre de poca fe! ¿Por qué dudaste?"* (Mateo 14:31).

Porque de cierto os digo que cualquiera que dijere a este monte: Quítate y échate en el mar, y no dudare en su corazón, sino creyere que será hecho lo que dice, lo que diga le será hecho. Por tanto, os digo que todo lo que pidiereis orando, creed que lo recibiréis, y os vendrá.   (Marcos 11:23–24)

¿Por qué no animó Pablo en sus epístolas a las personas a creer?

Él animó a los incrédulos a creer en Cristo, pero nunca animó a la iglesia a creer.

Eso me confundía. Me preguntaba por qué, pues recordaba que todos nuestros predicadores, evangelistas y maestros habían dicho lo que haríamos como creyentes si tan solo tuviéramos fe.

Entonces vi el secreto. Nosotros somos creyentes. Somos los hijos de Dios. Efesios 1:3 declara: *"Bendito sea el Dios y Padre de nuestro Señor Jesucristo, que nos bendijo con toda bendición espiritual*". Estamos en la familia. Todo lo que el Padre tiene y todo lo que ha conseguido en Cristo, y todo lo que Cristo es, nos pertenece.

No necesitamos fe para algo que ya es nuestro.

Si hay algo para lo que debo tener fe, significa que aún no lo tengo.

"*Así que, ninguno se glorie en los hombres; porque todo es vuestro*" (1 Corintios 3:21). Que sea Pablo quien le dé la revelación de ello, o Pedro o Juan, no tiene importancia. Ellos sencillamente revelaron lo que nos pertenece.

Ahora podemos entender por qué nuestra predicación moderna respecto a la fe ha sido casi destructiva.

La revelación de Pablo nos da una redención perfecta.

"*En quien tenemos redención por su sangre, el perdón de pecados según las riquezas de su gracia*" (Efesios 1:7). Observe el tiempo aquí. No dice que podemos tenerlo si tenemos suficiente fe; no, "*En quien tenemos* [ahora] *redención por su sangre*". Tenemos "*el perdón de pecados*".

La palabra griega no significa "*perdón*", como se traduce; es "remisión". Eso viene siempre en el nuevo nacimiento. El perdón es algo que obtenemos cuando pecamos como creyentes. La remisión es algo que obtiene el pecador cuando viene a formar parte de la familia.

La palabra griega *afesis* se usa en Colosenses 1:14 y Efesios 1:7: "*En quien tenemos redención…el perdón de pecados*".

No solo tenemos una redención perfecta en la revelación paulina, sino que ahora podemos regresar y estar junto a la cruz con los discípulos, y podemos decir: "Pedro, ¿sabes lo que Jesús está haciendo en la cruz? Ahora está siendo hecho pecado. Mírale, y cuando grite sus últimas palabras y entregue su espíritu, irá al lugar de sufrimiento como tu Sustituto y el mío. Va a estar ahí hasta que se cumplan todas las demandas de la justicia, hasta que Satanás sea vencido, hasta que el nuevo nacimiento se convierta en una posibilidad; hasta que el hombre sea justificado, reciba la naturaleza y la vida de la Deidad y se convierta en la justicia misma de Dios en Cristo".

Pedro mira perplejo. Juan se acerca y dice: "Perdón, pero ¿de qué están hablando?".

Verá, ellos no sabían nada de lo que Cristo estaba haciendo por nosotros. Jesús había entrado en el ámbito del conocimiento de los sentidos, se había manifestado entre ellos como el Hijo de Dios durante tres años y medio, y no le conocían. No sabían lo que hizo Jesús en la cruz y lo que hizo durante los tres días y tres noches. No sabían qué quería decir la resurrección, ni lo que Él quiso decir cuando le dijo a María que no le tocase aún porque no había ascendido al Padre.

Todo esto era desconocido para ellos.

Es muy importante que entendamos la diferencia entre la revelación paulina y el ministerio de Jesús y sus enseñanzas según están escritas en los cuatro Evangelios.

Capítulo 4

PABLO ACERCA
DE LA ORACIÓN

Pablo nos enseña acerca de la oración mediante sus oraciones.

Cierto, en Efesios 6:18, dice: *"Con toda oración y súplica en el Espíritu, y velando en ello con toda perseverancia y súplica por todos los santos"*. Observará que usa la expresión *"con toda oración* [o con todos los tipos de oraciones] *y súplica en el Espíritu"*.

Saber si es en el Espíritu Santo o en su espíritu recreado, no se puede estar seguro, pero en realidad significa lo mismo.

Sugiere en 1 Tesalonicenses 5:17: *"Orad sin cesar"*. Su vida se convierte en una intercesión continua.

No es con palabras, el espíritu en usted está haciendo lo que Pablo menciona en Romanos 8:26:

Y de igual manera el Espíritu nos ayuda en nuestra debilidad; pues qué hemos de pedir como conviene, no lo sabemos, pero el Espíritu mismo intercede por nosotros con gemidos indecibles.

He observado a veces cuando he estado deprimido, y no podía pensar en una razón para estar así, que después he descubierto que fue el Espíritu en mí haciendo intercesión, la agonía silenciosa del Espíritu alcanzando a alguien. Era mi espíritu fundiéndose con el Espíritu Santo en súplica por alguna persona que estaba en necesidad en ese momento.

Cuando estaba en la obra evangelística, el día antes de dar la invitación a los inconversos, a menudo me abrumaba un sentimiento indescriptible.

A veces he gritado en agonía pidiendo alivio. Era mi espíritu y el Espíritu Santo en intercesión por esa congregación no salva con la que me reuniría en la noche. Después de un tiempo, aprendí lo que significaban esos periodos depresivos.

Pero deseo llamar su atención especialmente a las oraciones de Pablo por la iglesia.

Por esta causa también yo, habiendo oído de vuestra fe en el Señor Jesús, y de vuestro amor para con todos los santos, no ceso de dar gracias por vosotros, haciendo memoria de vosotros en mis oraciones. (Efesios 1:15–16)

Y esta es una intercesión destacada para usted y para mí.

Para que el Dios de nuestro Señor Jesucristo, el Padre de gloria, os dé espíritu de sabiduría y de revelación en el conocimiento de él, alumbrando los ojos de vuestro entendimiento, para que sepáis cuál es la esperanza a que él os ha llamado, y cuáles las riquezas de la gloria de su herencia en los santos. (Efesios 1:17–18)

Observe cuidadosamente ahora. Él está orando para que tengamos espíritu de sabiduría.

No sé si usted se ha dado cuenta o no, pero sabiduría y conocimiento son dos cosas distintas.

Sabiduría es la habilidad para usar el conocimiento.

La sabiduría no viene de las facultades de razonamiento; viene del espíritu humano. Ya sea la sabiduría natural del hombre sin Cristo, o la sabiduría de Dios, que es dada a la nueva creación. Él está orando ahora para que nuestros espíritus tengan sabiduría para entender las riquezas de la obra que Dios llevó a cabo en

Cristo Jesús por nosotros. Es conocimiento de revelación que le fue dado a Pablo.

Ahora bien, debemos tener sabiduría para entender nuestra parte en el despliegue de la redención en ese conocimiento.

Él dice: *"Alumbrando los ojos de vuestro entendimiento, para que sepáis cuál es la esperanza a que él os ha llamado, y cuáles las riquezas de la gloria de su herencia en los santos"*, es decir, en usted y en mí.

Si nuestro corazón pudiera entender esto, seríamos transformados.

Si tan solo pudiéramos darnos cuenta de la herencia que el Padre tiene en nosotros, de lo preciosos que somos para Él.

Tenemos nuestra propiedad asegurada en caso de incendio o de robo.

Tenemos nuestros cuerpos asegurados en caso de accidente.

Me pregunto si el Padre tiene su herencia en nosotros asegurada.

Me pregunto si Él es tan celoso de nosotros como lo somos de nuestras joyas y de nuestras propiedades de valor.

Estoy seguro de que sí.

Algún día, descubriremos cómo nos ha asegurado. Observe más adelante en la oración. Él quiere que conozcamos *"la supereminente grandeza de su poder para con nosotros los que creemos"* (Efesios 1:19). Él dijo que es *"según la operación del poder de su fuerza, la cual operó en Cristo, resucitándole de los muertos"* (Efesios 1:19–20). Mi corazón ha sido muy lento en entender esto.

Cuando supe realmente que la misma capacidad que actuó en el cuerpo sin vida de Cristo estaba trabajando en mí, en mi espíritu, en mi alma, en mi cuerpo, entonces supe que estaba fortalecido.

No podía fracasar porque me había convertido en un instrumento mediante el cual ese Poderoso estaba trabajando.

Después Romanos 8:11 lo aclaró más:

*Y si el Espíritu de aquel que levantó de los muertos a Jesús
mora en vosotros, el que levantó de los muertos a Cristo Jesús
vivificará también vuestros cuerpos mortales por su Espíritu
que mora en vosotros.*

El mismo poder que actuó en Cristo está en usted y en mí.

El poder de la resurrección está en nuestros cuerpos.

Eso significa sanidad, fortaleza y vitalidad para nuestras
actuales necesidades en nuestro caminar diario.

Pero observe otra cosa, dijo:

*Y sentándole a su diestra en los lugares celestiales, sobre todo
principado y autoridad y poder y señorío, y sobre todo nombre
que se nombra, no sólo en este siglo, sino también en el venidero.*   (Efesios 1:20–21)

En Efesios 2:6, dice: *"Y juntamente con él nos resucitó, y asimismo
nos hizo sentar en los lugares celestiales con Cristo Jesús"*, y ahora estamos sentados muy por encima de toda potestad y autoridad.

Esa fue la oración de Pablo por nosotros, o más bien, fue la
oración del Espíritu a través de Pablo.

Y ahora el Espíritu va por delante y dice: "Él sometió todas las
cosas bajo nuestros pies".

Somos la parte terrenal del cuerpo de Cristo.

El Ejecutivo está en los cielos.

La fuerza del ministerio está aquí en la tierra; nosotros somos
una parte de eso.

Debemos saber que el poder que Dios forjó en Cristo cuando
le levantó de los muertos es nuestro.

Este es otro hecho tremendo que casi hemos olvidado por completo: "*Y sometió todas las cosas bajo sus pies, y lo dio por cabeza sobre todas las cosas a la iglesia*" (Efesios 1:22).

No debemos olvidar que Satanás está derrotado; que estábamos en Cristo en esa gran sustitución de la que ahora somos parte; que vencimos al adversario con Él; cuando Él resucitó de los muertos, nosotros resucitamos juntamente con Él; y cuando Él fue entronado a la diestra del Padre, nosotros fuimos entronados con Él.

Él está orando para que sepamos esto, para que entremos en la plenitud de ello.

Esa oración debe ser respondida.

Estoy pidiendo ahora que esta oración encuentre respuesta en cada uno de ustedes que leen este libro.

Él ha dado a Jesús "*por cabeza sobre todas las cosas a la iglesia*".

Entonces el "*sobre todas las cosas*" incluye todo lo que puede tocar: su vida y la mía. Todas están sujetas a la Cabeza: Cristo; y están sujetas a nosotros: el cuerpo de Cristo.

Porque en el siguiente versículo dice: "*La cual es su cuerpo, la plenitud de Aquel que todo lo llena en todo*" (Efesios 1:23).

El cuerpo es la plenitud de Él. El cuerpo es la totalidad de Él, y la capacidad del cuerpo debería dominar todas las cosas que le rodean.

Nuestros débiles intelectos no pueden entender esto, pero nuestros espíritus pueden deleitarse en ello.

Porque nuestros espíritus están llenos de su plenitud, la plenitud de su amor, la plenitud de su gracia, la plenitud de su sabiduría, la plenitud de su capacidad para bendecir y ayudar a los hombres.

Su siguiente oración está en Efesios 3:14–15: "*Por esta causa doblo mis rodillas ante el Padre de nuestro Señor Jesucristo, de quien toma nombre toda familia en los cielos y en la tierra*".

Ahora observe la oración: *"Para que os dé, conforme a las rique-zas de su gloria, el ser fortalecidos con poder en el hombre interior por su Espíritu"* (Efesios 3:16).

Fortalecidos con la capacidad de Dios.

A mí no me parece que podamos jamás volver a ser débiles o fracasados.

No sé lo que todo eso significa, ni conozco sus límites, pero sé que nos hace más que vencedores en medio de cada condición desconcertante.

Pone nuestro pie sobre el cuello de nuestros enemigos, ya sean enemigos espirituales o materiales; nos hace ser amos.

Nos despoja de nuestra debilidad e ineptitud y nos viste con la capacidad de lo alto.

Él dice: *"Para que habite Cristo por la fe en vuestros corazones, a fin de que, arraigados y cimentados en amor"* (Efesios 3:17).

Ese es el tipo de amor de Jesús: *ágape*.

No solo debemos ser influenciados por él, sino que debemos ser arraigados en él; establecidos en amor.

"Y nosotros hemos conocido y creído el amor que Dios tiene para con nosotros. Dios es amor; y el que permanece en amor, permanece en Dios, y Dios en él" (1 Juan 4:16). Creo que es mejor decirlo así: "Hemos llegado a creer en el amor que Dios tiene por nosotros".

He llegado a creer que ese amor, el amor de Jesús, es mejor que la razón, mejor que la fuerza, mejor que la filosofía del hombre, mejor que cualquier cosa que el hombre pueda concebir.

El conocimiento del hombre no se le puede igualar.

He llegado a creer que el camino del amor es el mejor camino, y que el camino del amor es el camino por el que andar.

Cuando sé que Dios es amor, entonces el camino de Dios es el mejor.

Si creo en el amor, creo en el Autor del amor.

Creo en el amor.

Creo que su camino de amor es lo mejor para mí; es lo mejor para usted.

Es el fin de esforzarnos por nosotros mismos, el fin de la amargura, el odio y los celos.

Es el comienzo de Cristo dominando nuestra vida en nuestro caminar terrenal. Ser arraigado y cimentado en amor es la experiencia más distinguida que jamás puede llegar al corazón humano.

Y entonces nosotros *"plenamente capaces de comprender con todos los santos cuál sea la anchura, la longitud, la profundidad y la altura, y de conocer el amor de Cristo"* (Efesios 3:18–19).

Llegaremos a conocer el amor de Cristo personalmente, así que diremos, como dijo Pablo, *"el cual me amó y se entregó a sí mismo por mí"* (Gálatas 2:20).

Su redención será un asunto personal.

Él lo hizo por mí.

Será como si ninguna otra persona hubiera vivido; como si yo hubiera sido el único por el cual Él se entregó.

Pero usted sabe que la siguiente frase dice: *"Y de conocer el amor de Cristo, que excede a todo conocimiento, para que seáis llenos de toda la plenitud de Dios"* (Efesios 3:19).

Esa fue su oración por mí.

Esa fue su oración por usted.

Esa oración no se puede quedar sin respuesta.

Recuerde cómo gimió en Colosenses 1:28: *"A fin de presentar perfecto en Cristo Jesús a todo hombre"*.

Esa era la pasión del Espíritu en Pablo.

Dios, ayúdame a tener la misma pasión.

Eso elimina el egoísmo radicalmente, ¿verdad?

Eso es un nuevo yo, un yo nacido de Dios, un yo que no tiene otro sueño que el sueño de Dios, ninguna otra ambición que la ambición de Él.

Pero oiga el final de esa oración: *"Y a Aquel que es poderoso para hacer todas las cosas mucho más abundantemente de lo que pedimos o entendemos"* (Efesios 3:20).

Como ve, salimos de la órbita del conocimiento de los sentidos, fuera de las limitaciones de la razón por los sentidos, y entramos en la esfera de lo sobrenatural.

Estamos viviendo ahora en la esfera de la gracia, la esfera de Dios.

Él dice que es *"mucho más abundantemente de lo que pedimos o entendemos, según el poder que actúa en nosotros"* (Efesios 3:20).

Hemos sido lentos en entender esto, pero este es un retrato de su gracia. Esta es una ilustración del sueño del Padre para nosotros.

Esto ilustra la vida de oración de Pablo.

Es mejor que cualquier regla o regulación que el hombre pueda hacer respecto a la vida de oración.

Cuando usted y yo nos damos cuenta de que esta vida de oración era para nosotros, nos ponemos nerviosos de que sea respondida en nosotros.

Eso le libera a Él en nosotros para obrar su voluntad y lo que le agrada en nosotros y a través de nosotros para su gloria.

Capítulo 5

CRISTO A LA LUZ DE LA REVELACIÓN PAULINA

Esto es una exposición de lo que somos delante del Padre, y de cómo el Padre nos ve en Cristo. Juan 16:28: *"Salí del Padre, y he venido al mundo; otra vez dejo el mundo, y voy al Padre"*.

Recordará que Jesús dijo en Juan 3:3–5: *"De cierto, de cierto te digo, que el que no naciere de nuevo, no puede ver el reino de Dios"*.

El creyente es nacido de Dios. Procede del mismo vientre de Dios.

"Porque todo lo que es nacido de Dios vence al mundo" (1 Juan 5:4).

"Porque por un solo Espíritu fuimos todos bautizados en un cuerpo…y a todos se nos dio a beber de un mismo Espíritu" (1 Corintios 12:13).

Tan cierto como que Jesús salió del Padre, así nosotros hemos salido de Dios mediante la energía del Espíritu. Somos nacidos de Dios. En 1 Juan 4:4, leemos: *"Hijitos, vosotros sois de Dios"*.

Somos parte de la vida misma de Dios.

La naturaleza de Dios ha sido derramada en nuestro espíritu, porque somos de Dios.

Ahora podemos entender la confesión de Jesús. Impactó a los judíos. Dejó atónitos a los discípulos.

"Salí del Padre, y he venido al mundo; otra vez dejo el mundo, y voy al Padre" (Juan 16:28). Tan cierto como que salimos del Padre en nuestro nuevo nacimiento, cuando dejamos nuestro cuerpo regresamos con nuestro Padre.

En Juan 8:23 Jesús dijo: *"Vosotros sois de abajo, yo soy de arriba"*. Jesús siempre fue consciente de su origen celestial y de su relación celestial.

Nada nos ayudaría tanto que el ser conscientes de que no somos de esta tierra. Estamos en la tierra pero no somos de ella. Nuestra ciudadanía está en el cielo.

Ya no somos parte de este mundo gobernado por Satanás. Hemos nacido de lo alto.

Tenemos la naturaleza y la vida del Padre. Estamos en Cristo. Los creyentes corren el riesgo de ser atraídos por las cosas terrenales, tales como el dinero y los placeres de la vida.

Si pudiéramos saber que no somos de esta tierra, como sabemos que somos hombres o mujeres, y saber que nuestro mayor gozo se encuentra solo en Cristo, marcaría una gran diferencia en nuestro caminar por esta tierra.

En Mateo 12:42, Jesús dijo: *"Y he aquí más que Salomón en este lugar"*. Él se atrevió a confesar lo que realmente era.

Se atrevió a decir a esa generación que le miraba con sospecha, celos y odio, quién era Él. *"He aquí más que Salomón en este lugar"*.

Me pregunto si nos hemos dado cuenta de quiénes somos. Me pregunto si hemos considerado alguna vez que pertenecemos a otra raza.

De modo que si alguno está en Cristo, nueva criatura [una nueva especie] es; las cosas viejas [las que pertenecen al caminar terrenal] pasaron; he aquí todas son hechas nuevas. Y todo esto proviene de Dios, quien nos reconcilió consigo mismo por Cristo, y nos dio el ministerio de la reconciliación.

(2 Corintios 5:17–18)

No nos hemos dado cuenta de que el menor en el reino de Dios es mayor que Salomón. Él fue solo un siervo. Su gran sabiduría le fue dada.

Nosotros somos los hijos de Dios y Jesús nos ha sido hecho sabiduría.

Salomón era solo un hombre natural que vivió en el ámbito de los sentidos. No tuvo conciencia de esta vida divina que se nos ha dado a nosotros.

Pero nosotros no pensamos en eso.

Aún no nos hemos dado cuenta de nuestra posición en Cristo; nuestra posición en la familia.

Somos los hijos e hijas del Dios Todopoderoso. Salomón fue solo uno de los hijos de David.

Juan 8:12 es quizá una de las frases más grandes que salieron jamás de los labios del Maestro, si nos atreviésemos a comparar los versículos: *"Yo soy la luz del mundo; el que me sigue, no andará en tinieblas, sino que tendrá la luz de la vida"*.

Jesús se atrevió a decir que representaba un nuevo orden, un nuevo tipo de hombre, que en Él estaba la luz de la vida; es decir, la sabiduría que viene de la vida eterna.

Las personas que le siguen, caminan en sus pasos y obedecen su palabra, nunca deberían quedar encerradas en la esfera de la oscuridad donde no pueden ver.

Colosenses 1:13 dice: *"El cual nos ha librado de la potestad de las tinieblas, y trasladado al reino de su amado Hijo"*.

Como ve, hemos sido librados del ámbito de las tinieblas donde los hombres caminan en base a los sentidos.

Hemos sido trasladados al reino del Hijo de su amor, o en otras palabras, a la misma familia de Dios.

Nos hemos convertido en participantes de su naturaleza divina. La misma vida que estaba en el Hijo de Dios está en nosotros. La misma luz que Él tenía está en nosotros.

Ahora podemos entender 2 Corintios 6:14: *"No os unáis en yugo desigual con los incrédulos; porque ¿qué compañerismo tiene la justicia con la injusticia? ¿Y qué comunión la luz con las tinieblas?".*

En Filipenses 2:15 Pablo nos dice que se nos ve *"como luminares en el mundo".* Destacamos como una lámpara, la Palabra de vida.

Somos la luz del mundo. Hemos ocupado el lugar de Jesús. Su vida en nosotros es la fuente de luz.

Luz significa sabiduría y capacidad de hacer cosas, y el Mayor no solo nos ha impartido su propia naturaleza, sino que de hecho ha venido a nosotros y vive en nosotros: como parte de nosotros.

Por eso, cuando Jesús dijo: *"Yo soy la luz del mundo",* puso una responsabilidad tremenda sobre los que siguen sus pasos.

Si somos partícipes de su vida, entonces tenemos esa luz y Juan 1:4 debe desafiarnos siempre: *"En él estaba la vida, y la vida era la luz de los hombres".*

Nosotros tenemos esa vida.

Con esa vida ha venido la luz, y debemos caminar en la luz como Él está en la luz.

Salir de esa luz es entrar en las tinieblas, lo cual significa romper la comunión. Significa salir del ámbito del amor, porque esa luz es realmente amor brillando a través de nosotros, en nuestra conducta, en nuestras palabras.

El nuevo tipo de amor y el nuevo tipo de luz que Jesús trajo son la naturaleza misma del Padre.

Cuando salimos del amor salimos de la luz, de la comunión con el cielo.

Si caminamos en la luz como Él está en la luz, tenemos comunión no solo con el Padre, sino también unos con otros. Pero cuando el adversario nos aparta un momento, entramos en las tinieblas.

El que dice que está en la luz, y aborrece a su hermano, está todavía en tinieblas. El que ama a su hermano, permanece en la luz, y en él no hay tropiezo. Pero el que aborrece a su hermano está en tinieblas, y anda en tinieblas, y no sabe a dónde va, porque las tinieblas le han cegado los ojos.

(1 Juan 2:9–11)

Su espíritu está en tinieblas. El conocimiento de los sentidos no puede iluminar ahora el camino.

Hemos tomado el lugar del Maestro como luminares en el mundo.

Así como Pablo dice: *"Sed imitadores de mí, así como yo de Cristo"* (1 Corintios 11:1), del mismo modo cada uno de nosotros somos luminares en el mundo, y le estamos diciendo al mundo: "Síganme, como yo sigo a Cristo".

Cuando salimos de la luz a las tinieblas, esparcimos confusión a nuestro alrededor y las personas no saben qué hacer.

Siempre deberíamos recordar lo que somos en Cristo.

Deberíamos recordar que somos las luces del mundo, y quienes nos siguen no deben ser guiados a las tinieblas.

Juan 14:6 no solo ha sido un desafío, sino que ha sido un gozo apasionante. Jesús dijo: *"Yo soy el camino, y la verdad, y la vida; nadie viene al Padre, sino por mí"*.

¡Qué confesión!

Cuando el Maestro dijo: *"Yo soy el camino"*, el Espíritu enseguida comenzó a traer a mi mente extractos de Hechos 9, de Pablo cuando iba a Damasco para ver si podía encontrar a alguien que estuviera en "el Camino", ya fuera hombre o mujer, para poder llevarlos a Jerusalén.

El cristianismo era el camino.

Pero *"endureciéndose algunos y no creyendo, maldiciendo el Camino"* (Hechos 19:9).

¿Qué quería decir al referirse al cristianismo como *"el Camino"*?

En aquellos tiempos remotos en el huerto, Adán perdió el camino, el camino a la presencia del Padre, el camino al corazón del Padre.

Dejó el lugar de luz y gloria y salió al mundo sin luz.

A lo largo de toda la historia de la humanidad los hombres han estado buscando a tientas el camino perdido, el camino de regreso a la comunión con el Padre; de vuelta a esa condición del Edén donde la condenación no gobernaba como un amo sobre el corazón.

Cuando Jesús dijo: *"Yo soy el camino"*, se refería a que Él era el camino al corazón del Padre, el camino de vida.

Entonces vi que todos nosotros somos una luz, una señal que apunta al camino.

Ahora observe cuidadosamente lo que esto significa para usted. Usted está ocupando el lugar del Maestro; usted es el camino, y si su vida no está afinada con el Maestro, y no está viviendo la Palabra, puede que esté señalando en la dirección incorrecta.

Él no solo dijo: *"Yo soy el camino"*, sino que dijo: *"Y la verdad"*, o: *"Yo soy la Realidad"*.

Jesús es la respuesta al viejo clamor del espíritu humano por realidad.

Romanos 1:25 dice: *"Ya que cambiaron la verdad [realidad] de Dios por la mentira"*.

Satanás es el dios de vanidad. Los mayores placeres de los sentidos del hombre natural no tienen realidad en ellos.

No hay realidad en el cine, en el baile, en el juego o en la bebida.

No hay nada en ellos de lo que el espíritu del hombre se pueda alimentar. Satanás no le ha dado al hombre nada que tenga en ello ningún valor permanente.

Los placeres de los sentidos perecen con el uso.

Cuando Jesús dijo, en verdad, "Yo soy el camino, la realidad y la vida", estaba apuntando a algo que es distinto.

En Juan 16:13, Jesús dijo: *"Pero cuando venga el Espíritu de verdad* [de realidad], *él os guiará a toda la verdad* [realidad]".

Jesús es el camino a lo que el corazón ha anhelado durante siglos: realidad.

Es una verdad extrañamente realista que nadie que haya encontrado jamás vida eterna, haya acudido jamás a cualquier otra religión.

Las religiones metafísicas que nacen de los sentidos no seducen al hombre que ha encontrado Realidad.

El corazón humano no puede encontrar realidad alguna fuera de Jesús hombre. La nueva creación es real.

Nuestra comunión con el Padre es real.

La Palabra es un mensaje real para el espíritu de la nueva creación. Caminamos en la luz de realidad.

Jesús dijo: *"Yo soy el camino, y la verdad* [realidad], *y la vida".*

La palabra griega aquí para *"vida"* es zoe. Ese es el nuevo tipo de vida que Jesús trajo al mundo.

"Yo he venido para que tengan vida, y para que la tengan en abundancia" (Juan 10:10). ¿Qué es vida? Es la naturaleza del Padre.

En la naturaleza del Padre está toda la sabiduría, toda la capacidad, todo el amor. *"El que cree en mí, tiene vida eterna"* (Juan 6:47).

Creer es una verdadera posesión, así que el creyente es un poseedor de este grandioso regalo, el mejor que el hombre haya recibido jamás: la vida eterna.

"En él estaba la vida, y la vida era la luz de los hombres" (Juan 1:4). Qué poco hemos apreciado el hecho de que la vida eterna en el hombre nos ha dado toda la capacidad creativa manifestada en esta era mecánica.

Ninguna nación pagana ha tenido jamás algún inventor o creador hasta que la vida eterna llegó a ellos.

Cuando alardeamos de la superioridad anglosajona, es simplemente la superioridad de la vida eterna sobre la vida natural.

Hay dos palabras traducidas como vida en el Nuevo Testamento: *zoe*, la naturaleza del Padre que trajo Jesús, y que se le da al hombre en la nueva creación; y *psuche*, la vida humana natural.

Psuche nunca ha producido ninguna gran literatura; nunca le ha dado al hombre nada que tuviera un verdadero valor.

Que quede esto claro en nuestra mente, que *zoe*, este nuevo tipo de vida, es la naturaleza del Padre, y el Padre es amor.

Así que cuando este nuevo tipo de vida viene al hombre, expulsa la vieja naturaleza y la nueva naturaleza toma posesión.

Es como Israel avanzando hacia la Tierra Prometida, expulsando a los habitantes y apoderándose del país. La vida eterna nos ha invadido.

Ha cautivado nuestras facultades de razonamiento, las ha iluminado, haciéndolas esclavas de este nuevo orden, para que dondequiera que vaya un hombre que tenga vida eterna, usted vea sus marcas.

Es un hombre de la nueva creación. Pertenece al nuevo orden de cosas. Tiene una nueva clase de amor, *ágape*, y ese amor hace una casa en la que los bebés pueden nacer seguros.

La otra clase de amor es la palabra griega *fileo*, el amor que surge del corazón humano natural.

Nunca ha hecho un hogar en un país pagano.

Es el padre de todos nuestros divorcios y hogares rotos.

Cuando un hombre y una mujer tienen *ágape*, el nuevo tipo de amor que surge de este nuevo tipo de vida, nunca hay divorcio. Esto es lo más grande del mundo.

El creyente es el letrero que señala hacia Jesús, que es el camino, la verdad y la vida, y debemos ser atrevidos en nuestra confesión de que estamos en el camino; de que tenemos la realidad y de que estamos disfrutando de la plenitud de esta maravillosa vida.

Jesús hizo otra confesión. *"Yo soy el buen pastor; el buen pastor su vida da por las ovejas"* (Juan 10:11).

Qué bonita confesión, tan llena de sugerencia: el Pastor.

Lleva el corazón Salmos 23:1–2: *"Jehová es mi pastor; nada me faltará. En lugares de delicados pastos me hará descansar; junto a aguas de reposo me pastoreará"*; Él restaura mis procesos de pensamiento para que pueda yo tener los pensamientos de Dios.

Él es el Cuidador, Proveedor, Escudo y Protector de su pueblo.

Su ministerio es dirigirnos y guiarnos a los verdaderos pastos donde el corazón aprende a alimentarse.

¿Puede ver lo que esto significa para usted?

Cuando recibimos vida eterna, en ese momento nos convertimos en los ayudantes del pastor para el rebaño: nos convertimos en líderes y maestros de este nuevo orden, de esta nueva vida.

Somos los protectores de las ovejas ante el adversario que las quiere destruir.

¡Qué ministerio de amor tiene ese pastor! Qué vida de amor cuidar de ellas, vigilarlas, alimentarlas, señalarlas hacia el agua de vida, y guiarlas a los lugares tranquilos bajo la sombra de la gran Roca en esta tierra agotadora.

Debiéramos hacer confesión de nuestra responsabilidad como pastores y de nuestra capacidad para guiar a los hombres.

Me sorprendí cuando encontré que la palabra griega traducida como *"poder"* significaba capacidad, y que Jesús quería que los discípulos esperasen en Jerusalén hasta que hubieran recibido capacidad: la capacidad del Padre que Jesús había estado manifestando entre los hombres.

Ahora nosotros, los ayudantes del pastor, tenemos su capacidad. Somos copartícipes de esa capacidad.

Él nos ha sido hecho sabiduría para que sepamos dónde guiar a las ovejas y qué darles de comer.

La mayor preocupación que jamás he tenido respecto a mi ministerio fue la capacidad de usar bien la Palabra para poder darles a los hombres alimento, el pan del Todopoderoso.

He querido ser alguien que fomente la fe. Quería sacar a los hombres del desierto del conocimiento de los sentidos y llevarles a las praderas de nuestros privilegios en Cristo, lo cual es responsabilidad del Pastor.

Esta es otra confesión de Jesús que tiene un tono paulino: *"Las palabras que yo os he hablado son espíritu y son vida"* (Juan 6:63).

Qué pocos nos hemos dado cuenta del poder de las palabras. Jesús lo sabía. Las palabras de Jesús sanaron a los enfermos, alimentaron multitudes, calmaron el mar y resucitaron a los muertos.

No solo eso, sino que provocaron tal maldad y odio en los corazones de los líderes de Israel que finalmente le clavaron en la cruz, solo por las palabras que había dicho.

Pablo nos hace verlo con una viveza que emociona. *"Por la fe entendemos haber sido constituido el universo por la palabra de Dios, de modo que lo que se ve fue hecho de lo que no se veía"* (Hebreos 11:3).

Dios creó el universo con sus palabras.

Recordará esas tres maravillosas palabras: *"Sea la luz"*. Ocho o nueve veces, esas palabras están escritas en el primer capítulo de Génesis.

Dios hizo existir todo lo que hay en el universo con las palabras.

Pero el Espíritu lo lleva al nivel más alto en Juan 1:1–3: *"En el principio era el Verbo, y el Verbo era con Dios, y el Verbo era Dios. Este era en el principio con Dios. Todas las cosas por él fueron hechas, y sin él nada de lo que ha sido hecho, fue hecho".*

Él tomó las palabras del hombre y las llenó de sí mismo.

Hizo que las palabras del hombre fueran algo creativo.

Llenó las palabras del hombre con la misma genialidad del amor.

Sus palabras dominaron.

Él habitó en las palabras y las hizo actuar para Él.

Contó las cosas que no eran como si fuesen, y comenzaron a existir.

Las palabras crean.

Después, en Hebreos 1:3, las palabras dominaron las cosas que las palabras habían creado:

El cual, siendo el resplandor de su gloria, y la imagen misma de su sustancia, y quien sustenta todas las cosas con la palabra de su poder, habiendo efectuado la purificación de nuestros pecados por medio de sí mismo, se sentó a la diestra de la Majestad en las alturas.

Él había hecho existir el mundo con su Palabra. Ahora ese vasto universo está sostenido y gobernado por su Palabra.

Oh, mi corazón ansía que llegue la hora en que comenzaremos a apreciar lo que han logrado las palabras.

Todo lo que el mundo logró jamás fue con las palabras.

Con las palabras amamos.

Con las palabras rompemos corazones.

Con las palabras, palabras llenas de Dios, edificamos fe en las vidas de los hombres.

Con las palabras que están llenas de conocimiento de los sentidos destruimos la fe de los hombres.

El conocimiento de los sentidos no tiene otro medio sino palabras, y por eso nuestras universidades están llenas de palabras, a menudo palabras destructivas, palabras desmoralizadoras.

Nuestros institutos están destruyendo la fe de nuestra nación con falsa enseñanza, todo ello con palabras.

Ya no hay nada santo.

Una ideología nacida del conocimiento de los sentidos está dominando nuestra nación, y a menos que la Palabra de Dios obtenga la prominencia de nuevo, todas las ideas de nuestra República desaparecerán, y un nuevo tipo de despotismo que es destructivo para el cristianismo ocupará su lugar.

Los hombres sin Dios han usado las invenciones que Dios ha dado a la nueva creación para destruir todo lo que Dios ha producido a través de la iglesia desde la reforma luterana.

Cuando Jesús dijo: *"Las palabras que yo os he hablado son espíritu y son vida"* (Juan 6:63), estaba levantando el telón y permitiéndonos ver las realidades.

¡Piense en ello! *"Las palabras que yo os he hablado"* tienen en ellas el poder, la energía y la capacidad creativa de Dios.

"Las palabras que yo os he hablado" son palabras que dan vida, palabras que edifican amor, palabras que crean fe.

Entonces ¿cuál es nuestra confesión?

Nuestra confesión es que somos productos de las palabras de Él, que sus palabras le han dado a nuestro espíritu la naturaleza misma del Padre, y que la ley que gobierna esta nueva vida es la ley del nuevo pacto.

"*Un mandamiento nuevo os doy: Que os améis unos a otros; como yo os he amado*" (Juan 13:34). Esta nueva ley que sale de la naturaleza de amor del Padre es la ley que nos gobierna.

Estamos caminando en la luz de esta nueva ley, esta ley creativa y dominadora, esta victoriosa ley del amor.

Qué confesión tenemos que hacer. Que Dios nos ayude a aferrarnos a ella. En Juan 14:9 Jesús dice: "*El que me ha visto a mí, ha visto al Padre*".

Eso casi nos hace perder el aliento.

Jesús dijo: "*¿Tanto tiempo hace que estoy con vosotros, y no me has conocido…?*" (Juan 14:9).

En verdad, dijo: "Ustedes han estado viviendo y caminando con Dios.

"Le han visto sanar a los enfermos y resucitar a los muertos.

"Le han visto alimentar a las multitudes a través de mí.

"Han sentido su naturaleza de amor en mi voz y en mis palabras, y por eso yo les digo hoy: 'El que me ha visto a mí, ha visto al Padre'.

"No tienen que volver a decir: 'Muéstranos al Padre', porque está con ustedes".

¡Qué confesión fue esa! ¡Cómo ha permanecido en la atmósfera misma a través de los siglos!

Entonces, un día, vi un destello de la revelación de la nueva creación en las epístolas paulinas, y vi que verdaderamente estábamos ocupando el lugar de Jesús; que teníamos la misma vida en nosotros que tenía Jesús, y la misma naturaleza del Padre nos ha sido impartida.

Con esa naturaleza han venido también todos los atributos que hicieron a Jesús tan bello para el mundo y le hicieron destacar como la persona más excepcional que el tiempo haya visto jamás.

Cada atributo en Jesús que le hacía ser hermoso está en la nueva creación.

Tenemos la misma vida que le dominaba a Él, esa naturaleza de amor. Tenemos el mismo tipo de amor que Él tenía.

Él nos ha sido hecho *sabiduría* de Dios.

Él nos ha sido hecho *redención* de Dios.

Él nos ha sido hecho *santificación* de Dios.

Él nos ha sido hecho *justicia* de Dios.

Esos cuatro atributos de la naturaleza del Padre estaban presentes en Jesús.

La redención de la mano del adversario aún no se había logrado cuando Jesús caminaba en la tierra, pero se manifestó en Él. Él era el Amo de los demonios.

La santificación fue revelada en Él en su total separación del mundo que le rodeaba.

La justicia, la capacidad para estar en la presencia del Padre sin el sentimiento de inferioridad, la capacidad para estar en presencia de Satanás como un amo: todas esas manifestaciones de gracia de la vida divina se vieron en Él.

Cuando leo Juan 14:6–10, todo mi ser parece abrirse a Él y mi corazón clama: "Señor, haz que esto sea real mediante tu gracia en mi vida para que los hombres cuando me miren te vean a ti; para que pueda decir, quizá no con palabras, *'el que me ha visto a mí, ha visto al Padre'*".

Qué confesión hizo Jesús al mundo, y qué confesión tenemos el privilegio de hacer hoy.

Jesús dijo: *"Yo soy la vid, vosotros los pámpanos"* (Juan 15:5).

Me encantaría que mi corazón pudiera entenderlo; que el corazón pudiera entender la realidad de nuestra unión con Él, de nuestra rara capacidad para alimentarnos de la naturaleza y vida de Dios en Cristo.

Verá, ninguna rama puede estar más cerca de la vid que otra rama. Todas las ramas tienen la misma unión con la vid por su ministerio individual de dar fruto.

Cuando Él dijo: *"Yo soy la vid, vosotros los pámpanos"*, nos llevó a la unión más completa con la Deidad.

Somos de hecho copartícipes de la naturaleza divina.

La misma vida y esencia de la Deidad llega desde la vid a la rama.

Después Él oró: *"La gloria que me diste, yo les he dado, para que sean uno, así como nosotros somos uno. Yo en ellos, y tú en mí, para que sean perfectos en unidad"* (Juan 17:22–23).

¿Por qué? *"Para que sean perfectos en unidad, para que el mundo conozca que tú me enviaste, y que los has amado a ellos como también a mí me has amado"* (Juan 17:23).

Esa es la vida de la vid.

Es ahí donde la rama es glorificada y el fruto llega a ser como el fruto de Jesús en su caminar terrenal.

Podemos entender ahora lo que Él quiso decir cuando dijo: *"Las obras que yo hago, él las hará también; y aun mayores hará, porque yo voy al Padre"* (Juan 14:12).

Jesús estaba limitado a las cosas físicas.

Pudo sanar a los enfermos, alimentar a las multitudes, resucitar a los muertos y convertir el agua en vino, pero no pudo recrear a nadie.

No pudo dar a nadie vida eterna porque eso no estaría disponible hasta que no hubiera quitado el pecado, hasta que hubiera satisfecho las demandas de la justicia, vencido a Satanás, resucitado de la muerte, llevado su sangre al lugar santísimo celestial, y se hubiera sentado a la diestra de la majestad en las alturas.

Capítulo 6

LO QUE NOS DA
LA RESURRECCIÓN

Estas son algunas de las riquezas de esta bendita verdad obtenidas de las epístolas paulinas.

¿Qué significa la resurrección para el cristiano en su vida diaria?

Juan 19:31–37 nos habla de su muerte, de la lanza clavada en su costado y de la sangre y agua que salieron de esa gran herida abierta.

Se dice en el lenguaje más sencillo que murió de un corazón roto.

La sangre salió por la abertura en su corazón hacia el saco que sostiene el corazón, y mientras el cuerpo se enfriaba, la sangre se había separado y el suero blanco se había asentado en el fondo.

Los corpúsculos rojos habían subido a lo alto y se habían coagulado, y cuando el romano lo atravesó, el suero blanco salió a borbotones. Después otros coágulos de la sangre coagulada se deslizaron por su costado hasta el suelo. Jesús estaba muerto.

Después de todo esto, José de Arimatea, que era discípulo de Jesús, pero secretamente por miedo de los judíos, rogó a Pilato que le permitiese llevarse el cuerpo de Jesús; y Pilato se lo concedió. Entonces vino, y se llevó el cuerpo de Jesús. También Nicodemo, el que antes había visitado a Jesús de noche, vino trayendo un compuesto de mirra y de áloes, como cien libras. Tomaron, pues, el cuerpo de Jesús, y lo envolvieron en lienzos con especias aromáticas, según es costumbre sepultar entre los judíos. (Juan 19:38–40)

Este es un drama digno de inspiración.

José y Nicodemo mostraron su amistad abiertamente después de su muerte.

Y en el lugar donde había sido crucificado, había un huerto, y en el huerto un sepulcro nuevo, en el cual aún no había sido puesto ninguno. Allí, pues, por causa de la preparación de la pascua de los judíos, y porque aquel sepulcro estaba cerca, pusieron a Jesús. (Juan 19:41–42)

Juan 20:1–10 nos da una imagen de su resurrección.

El primer día de la semana, María Magdalena fue de mañana, siendo aún oscuro, al sepulcro; y vio quitada la piedra del sepulcro. Entonces corrió, y fue a Simón Pedro y al otro discípulo, aquel al que amaba Jesús, y les dijo: Se han llevado del sepulcro al Señor, y no sabemos dónde le han puesto. Y salieron Pedro y el otro discípulo, y fueron al sepulcro. Corrían los dos juntos; pero el otro discípulo corrió más aprisa que Pedro, y llegó primero al sepulcro. Y bajándose a mirar, vio los lienzos puestos allí, pero no entró. Luego llegó Simón Pedro tras él, y entró en el sepulcro, y vio los lienzos puestos allí, y el sudario, que había estado sobre la cabeza de Jesús, no puesto con los lienzos, sino enrollado en un lugar aparte. Entonces entró también el otro discípulo, que había venido primero al sepulcro; y vio, y creyó. Porque aún no habían entendido la Escritura, que era necesario que él resucitase de los muertos. Y volvieron los discípulos a los suyos.

Qué impresión debió de sentir María.

Había acudido al sepulcro para terminar el embalsamiento y vio la piedra removida.

Nunca se detuvo a mirar en el interior, sino que se dio la vuelta y corrió al lugar donde estaban Pedro y Juan.

Al encontrarlos, irrumpió diciendo: *"Se han llevado del sepulcro al Señor, y no sabemos dónde le han puesto"*.

¿Quién se habría atrevido a profanar la tumba?

Ninguna persona entre todas las naciones daba tanta reverencia a los muertos como la nación hebrea.

Los romanos le habían desnudado; se habían burlado; le habían clavado en la cruz, con una corona sobre su cabeza como mofa. Eso no era suficiente.

¿Se habrían atrevido a profanar la tumba?

Pedro y Juan no esperaron; ambos se dirigieron hacia la tumba. Juan corrió más que Pedro y llegó allí primero.

Deteniéndose, entró en la tumba y se quedó perplejo por lo que vio.

Llegó Pedro. No tenía los buenos sentimientos que embargaron a Juan. Tan solo inclinó su cabeza y entró en el sepulcro, y Juan le siguió.

Observe el lenguaje: *"Y vio los lienzos puestos allí, y el sudario, que había estado sobre la cabeza de Jesús, no puesto con los lienzos, sino enrollado en un lugar aparte"*.

Cuando Jesús salió de los lienzos no tenía prisa. Tomó el sudario que había estado sobre su rostro, lo dobló y lo puso en un lugar aparte enrollado.

Hay algo acerca de ese hecho del Maestro que llega a la conciencia de mi espíritu.

Él no actúa como un hombre, ¿verdad?

Solo Dios actuaría así en un momento de tal triunfo.

"Entonces entró también el otro discípulo, que había venido primero al sepulcro; y vio, y creyó".

¿Qué vio Juan en el sepulcro que le hizo creer que Jesús había resucitado?

"Porque aún no habían entendido la Escritura, que era necesario que él resucitase de los muertos".

Entienda que el cuerpo de Jesús había estado embalsamado como era costumbre de los judíos enterrar.

Casi cada familia judía tenía un esclavo que sabía cómo embalsamar.

Tenían unos cuarenta kilos de un compuesto de mezclas de mirra y aloes y un puñado de lienzos.

Cortaron los lienzo en tiras, lo embadurnaron como se haría para vendar un dedo herido, y luego envolvieron el cuerpo de Jesús.

Cada dedo se vendó por separado y luego las manos y los brazos, hasta que todo el cuerpo estuviera envuelto como una momia egipcia. Cuando se terminó, tomaron el cuerpo embalsamado y lo pusieron en el sepulcro, el cual fue sellado por la autoridad romana.

Notemos que el cuerpo de Jesús probablemente pesaba entre ochenta y noventa kilos estando saludable. Habría perdido unos diez kilos en la crucifixión.

Había un peso de cuarenta kilos de mirra y aloes, además de los lienzos que usaron para embalsamar. Por lo tanto, el cuerpo pesaría unos ciento veinticinco kilos.

Cuando habían terminado de embalsamar, su cuerpo estaba completamente recubierto salvo su rostro.

Si Jesús no hubiera muerto de una rotura del corazón y un lanzazo, ciertamente habría muerto en los tres días y tres noches de estar embalsamado.

Nadie podría haber sobrevivido a eso.

Los paños de embalsamar se habían endurecido en la seca celda en las setenta y dos horas que estuvo allí.

La tela no estaba rota. Él había salido de los lienzos de la tumba por la estrecha apertura que había para su rostro. ¿Qué cree que hicieron Pedro y Juan?

En cuanto salieron del sepulcro, corrieron por las calles gritando: "¡Ha resucitado! ¡Ha resucitado!".

Sus corazones estaban tan inundados de emoción que no pudieron resistir proclamar lo acontecido.

El tremendo revuelo que su resurrección causó en la ciudad, tres mil hombre que aceptaron a Cristo el día de Pentecostés, todo esto demuestra el hecho histórico, la total certeza de su resurrección.

Toda la nación judía lo supo. Fueron conmovidos desde los cimientos.

Primera de Corintios 15:1–8 declara que quinientas personas le vieron en su ascensión.

La iglesia primitiva no intentó demostrar que Jesús resucitó de los muertos. Fue un hecho evidente por sí mismo.

Nadie lo cuestionó jamás en Jerusalén.

Estaban ahí cuando sucedió.

Vieron la tumba y los lienzos vacíos.

Decenas de miles de judíos fueron a ese sepulcro vacío, estuvieron allí de pie golpeando su pecho y rasgándose sus vestiduras.

Sabían que Jesús había resucitado.

Ahora bien, ¿qué significa para nosotros hoy día?

Apocalipsis 1:17–18, oigamos ahora hablar al Maestro:

Cuando le vi, caí como muerto a sus pies. Y él puso su diestra sobre mí, diciéndome: No temas; yo soy el primero y el último;

y el que vivo, y estuve muerto; mas he aquí que vivo por los siglos de los siglos, amén. Y tengo las llaves de la muerte y del Hades.

Satanás había sido conquistado.

Qué emoción atravesó todo el mundo del espíritu cuando Jesús regresó de las regiones oscuras, un Amo, sosteniendo en su mano alzada las llaves de la muerte y del infierno.

Había despojado a ese maligno espíritu de su autoridad.

Le había dejado derrotado ante sus propios secuaces.

Hubo un terremoto espiritual en la región de los condenados.

Hebreos 2:14 nos dice: *"Así que, por cuanto los hijos participaron de carne y sangre, él también participó de lo mismo, para destruir por medio de la muerte al que tenía el imperio de la muerte, esto es, al diablo".*

Rotherham lo traduce "para paralizar la autoridad del diablo para tratar con la muerte". Cualquier traducción es bastante clara.

Antes de que Jesús resucitara de los muertos, había conquistado a Satanás y le había despojado de la autoridad que le había robado al hombre en el huerto.

La historia del triunfo de la derrota de Satanás no se describiría del todo a menos que le diéramos Colosenses 2:15: *"Y despojando a los principados y a las potestades, los exhibió públicamente, triunfando sobre ellos en la cruz".*

El margen dice: "Habiendo separado de él los principados y potestades".

Como verá, Jesús estuvo ahí y solo Dios sabe lo que sufrió hasta que satisfizo las demandas de la justicia, habiendo sido hecho justo, e hizo una nueva creación.

Entonces el dominio de Satanás sobre Él terminó. Arrojó de nuevo a su lugar a las huestes del infierno.

Aplastó su capacidad para tratar con la muerte.

Despojó a Satanás de su autoridad y le dejó paralizado y quebrantado. Después resucitó de la muerte y gritó: "Vivan", ¡porque la mañana de la redención ha llegado!

La redención fue un hecho. Satanás estaba derrotado.

Ahora podemos citar Colosenses 1:13–14 una vez más. Quiero que se familiarice con este versículo. Quiero que lo conozca como sabe que dos más dos son cuatro: *"El cual nos ha librado de la potestad de las tinieblas, y trasladado al reino de su amado Hijo, en quien tenemos redención por su sangre, el perdón de pecados"*.

Ese fue el mayor momento de la historia humana.

Ese fue un momento que se recordará durante toda la eternidad, cuando Jesús estuvo de pie ante los asombrados discípulos y gritó: "¡Vivan!".

Los ángeles debieron de haber llorado ante el trono.

El gran Padre Dios, ¿qué pudo haber significado para Él? La humanidad, la esperanza de su amor y la razón de su creación, fue redimida; las demandas de la justicia fueron cumplidas.

El trono nunca podría ser atacado. Dios había redimido legalmente al hombre.

Todas las edades de la eternidad recordarán la heroica batalla que Jesús libró para demostrarle a la humanidad que Dios era justo y que podía justificar en términos legales a los impíos, porque su Hijo unigénito les había redimido con su propia sangre.

Ahora Dios puede legalmente darle al hombre vida eterna.

Juan 5:24 se puede convertir en una parte de la experiencia humana: *"El que oye mi palabra, y cree al que me envió, tiene vida eterna; y no vendrá a condenación, mas ha pasado de muerte a vida"*. (Véase también Juan 6:47).

Me pregunto si su corazón está recibiendo esto.

No habrá juicio para nosotros como lo hubo para el Maestro; no habrá cruz ni corona de espinos.

No habrá sufrimiento en el infierno para el hombre que acepta a Jesucristo como su Salvador, y es muy fácil aceptarle.

Oiga este versículo: *"El que cree en mí, tiene vida eterna"* (Juan 6:47), o quien aplica la Palabra que Dios ha hablado, tiene vida eterna en el momento en que la aplica.

El hombre sin Cristo no puede confesar el señorío de Jesús y declarar que sabe que Cristo murió por sus pecados y resucitó cuando fue justificado, sin recibir la naturaleza y la vida de Dios.

Usted se pregunta, ¿cuál es el mayor milagro de todos los milagros conectados con la redención?

No es la resurrección del Señor Jesús, porque el Padre y el Hijo estaban trabajando juntos en eso.

Pero el milagro más grande se produce cuando un hombre recibe vida eterna, cuando un hijo del diablo se convierte en un hijo de Dios.

Vuelva a observar: cuando un hombre que está espiritualmente muerto sale del reino de Satanás para entrar en el reino de la vida (en el reino de amor del Hijo de Dios), ese es el milagro de milagros.

Para el hombre que se guía por el conocimiento de los sentidos, la resurrección es el mayor de los milagros, porque es algo que los sentidos no pueden captar.

Pero el nuevo nacimiento es un milagro invisible. Sucede en el ámbito espiritual. El alma del hombre o las facultades de razonamiento no pueden nacer de nuevo. No pueden recibir la naturaleza de Dios independientemente de su espíritu. Su espíritu es la parte de él que es recreada.

Segunda de Corintios 5:17–21 se convirtió en una realidad en el momento en que Jesús llevó su sangre al lugar santísimo y se sentó a la diestra del Padre.

Ahora un hombre puede aceptar a Cristo y saber que en el momento en que lo hace, se convierte en una nueva criatura.

Las cosas viejas de su vida pasaron, y he aquí todas son hechas nuevas; y todas estas cosas provienen de Dios, que ha reconciliado al hombre consigo a través de Jesucristo.

¡Qué milagro es la nueva creación!

Piense en sacar a un hombre de la misma escoria de nuestra civilización moderna y recrearle en un momento, pasando de ser un convicto a ser un Hijo de Dios.

Y no solo eso, sino observe 2 Corintios 5:21. Aquí Dios susurra: *"Al que no conoció pecado, por nosotros lo hizo pecado, para que nosotros fuésemos hechos justicia de Dios en él"*.

Ese es el Padre hablando, y en el momento en que usted acepta a Cristo como su Salvador y le confiesa como su Señor, en ese momento usted se convierte en la justicia de Dios en Cristo.

Podríamos detenernos aquí, porque esto es suficiente para emocionar a todos los siglos, pero no hemos llegado aún al clímax de la redención.

"Fiel es Dios, por el cual fuisteis llamados a la comunión con su Hijo Jesucristo nuestro Señor" (1 Corintios 1:9). Tardé un tiempo en poder ajustar mi corazón a la realidad de esta frase, que el gran Padre Dios eterno, el Creador del universo, me llame, le llame a usted a tener comunión con su Hijo, a identificarse con ese Hijo, para convertirse en uno con ese Hijo.

Digamos que hay un buen madre y una buena madre. Tienen un hijo encantador, y han sido muy cuidadosos criándole. ¿Se imagina a estos padres yendo a los barrios pobres para encontrar a un hijo insulso para que fuera su asociado, para tener comunión con ese niño? No.

Pero aquí está el milagro.

El Padre sabe cuándo un hombre acepta a su Hijo como su Salvador, y confiesa su señorío, y en ese momento Él le da a ese hombre algo que le convertirá en una nueva criatura totalmente.

Estará en la misma clase que Jesús.

Será un verdadero hijo de Dios.

La antigua naturaleza espiritual que le vincula a Satanás ha dejado de existir, y una nueva naturaleza, la propia naturaleza de Dios, se le imparte.

Ahora él es realmente el Hijo del Padre como lo era Jesús cuando caminaba en la tierra, y es tan justo como el unigénito, porque ese primer unigénito es su justicia.

Usted puede hablar de cosas milagrosas, pero yo le digo que este milagro de la Nueva Creación supera todo en toda la Creación.

Tomar a un hijo del diablo con sus manos mojadas con la sangre de su hermano, ¡y cambiar la naturaleza de ese hombre! ¡No señor! Dar a ese hombre una nueva naturaleza, destruir la vieja naturaleza; darle la posición de un hijo; darle los derechos y privilegios de un hijo; darle el mismo lugar de un hijo en el corazón y la familia del Padre aquí es gracia; esto es el amor desbordado.

Esto es un retrato de Pablo.

Este es el clímax. Ahora está usted listo para ir a 2 Corintios 2:14: *"Mas a Dios gracias, el cual nos lleva siempre en triunfo en Cristo Jesús, y por medio de nosotros manifiesta en todo lugar el olor de su conocimiento"*.

Ahora observe esto:

Porque para Dios somos grato olor de Cristo en los que se salvan, y en los que se pierden; a éstos ciertamente olor de muerte para muerte, y a aquéllos olor de vida para vida. Y para estas cosas, ¿quién es suficiente? (2 Corintios 2:15–16)

Y después oiga este clamor: "Porque nosotros no somos como muchos, que corrompen la palabra de Dios;¿nos han hecho aptos para cumplir este ministerio?".

Pero quiero que observe una pequeña frase tomada de la traducción Conybeare que comenta acerca de estos versículos.

Pero gracias sean dadas a Dios, que me lleva de un sitio a otro en el tren de su triunfo, para celebrar su victoria sobre los enemigos de Cristo; y por medio de mí envía el conocimiento de Él, un río de fragrante incienso, por todo el mundo. Porque Cristo es la fragancia que ofrezco a Dios.

La metáfora está tomada de la procesión triunfal de un general victorioso. Dios está celebrando su triunfo sobre sus enemigos; Pablo (que había sido un oponente tan grande al evangelio) es un cautivo que va en el tren de la procesión triunfal; sin embargo (al mismo tiempo, mediante un característico cambio de metáfora), el que porta el incienso, esparciendo incienso (algo que se hacía siempre en estas ocasiones) según avanza la procesión.

Algunos de los enemigos conquistados eran ejecutados cuando la procesión llegaba a la capital; para ellos el olor del incienso era "olor de muerte para muerte"; para el resto que eran perdonados, "olor de vida para vida".

El corazón apenas puede entender el significado de ello.

Ahora reinamos como amos y reyes.

Una vez más quiero darle Romanos 5:17, porque encaja aquí perfectamente: *"Pues si por la transgresión de uno solo reinó la muerte, mucho más reinarán en vida por uno solo, Jesucristo, los que reciben la abundancia de la gracia y del don de la justicia".*

Ahora estamos reinando como reyes en el ámbito de la vida.

Nos hemos convertido en amos. Somos vencedores.

¿Qué significa la resurrección para nosotros?

Significa que Él nos ha llevado de la esclavitud al trono. Estábamos derrotados, vencidos y en esclavitud.

Somos liberados, y en el nombre de Jesús nos convertimos en los que rompen la esclavitud para el resto de la raza humana.

Él nos ha hecho amos cuando el temor nos había mantenido en esclavitud.

Capítulo 7

"EN QUIEN TENEMOS"

Muchos creyentes temen decir que están en Cristo y tienen miedo de actuar como si fuera cierto.

El Padre ha declarado en la Palabra que estamos en Cristo. Encontramos creyentes intentando obtener lo que el amor ya les ha dado.

Debiéramos saber lo que somos y lo que tenemos en Él.

Primero, lo que tenemos en Cristo. *"El cual nos ha librado de la potestad de las tinieblas, y trasladado al reino de su amado Hijo, en quien tenemos redención por su sangre, el perdón de pecados"* (Colosenses 1:13–14).

Usaré en esto la primera persona del singular, como sugiere Conybeare. Entonces se leería: "El cual me ha librado de la potestad de las tinieblas y trasladado al reino de su amado Hijo, en quien tengo mi redención por su sangre, el perdón de mis pecados". Nuestra redención es del dominio de Satanás, y cuando Cristo resucitó de la muerte y presentó su propia sangre ante la corte suprema del universo, y fue aceptada, nuestra redención fue algo establecido.

Después se sentó a la diestra de la majestad en las alturas. Cuando se sentó, Satanás había sido derrotado. Todo lo que la justicia había demandado se había conseguido.

Ahora Dios tiene el derecho legal de dar al hombre vida eterna, pero no tuvo el derecho de dar al hombre vida eterna hasta que no hubo una redención perfecta.

Así, Romanos 3:21–26 es la exposición del Espíritu Santo de esta bendita realidad. *"Pero ahora, aparte de la ley, se ha manifestado la justicia de Dios, testificada por la ley y por los profetas"* (Romanos 3:21).

Usted entiende que la necesidad básica del hombre era la justicia, la capacidad de estar en la presencia del Padre sin el sentimiento de culpa o inferioridad, y así Él declara que Dios ha revelado una nueva fuente de justicia, y esa fuente de justicia recibe el testimonio de la ley y los profetas, *"la justicia de Dios por medio de la fe en Jesucristo"* (Romanos 3:22).

Y lo extraño es que está basada sobre una fe sencilla en Jesús, o al aplicar lo que Dios ha dicho respecto a su Hijo.

"Siendo justificados gratuitamente por su gracia, mediante la redención que es en Cristo Jesús" (Romanos 3:24). Entienda que Él fue entregado por nuestras rebeliones, y fue resucitado cuando fuimos justificados.

Ahora podemos entender que fuimos justificados gratuitamente por su gracia, mediante la redención que Dios llevó a cabo en Cristo, a quien ha enviado para ser un sustituto por el pecado según los términos de la fe y su sangre.

Dios lo hizo para mostrar su justicia porque había estado pasando los pecados de Israel durante mil quinientos años.

Ahora se demandaba que se pagara la pena.

Jesús suplió esa pena y pagó o redimió las promesas que hacía cada año el sumo sacerdote el gran día de la Expiación.

Jesús cobró todas esas notas promisorias y llevó la redención a cada hombre que había sido cubierto por la sangre bajo el primer pacto.

Pienso que debiéramos leer Hebreos 9:12: *"Y no por sangre de machos cabríos ni de becerros, sino por su propia sangre, entró una vez para siempre en el Lugar Santísimo, habiendo obtenido eterna redención"*.

Quiero que observe que esta redención es una redención eterna.

Que cuando Cristo llevó su sangre al lugar santísimo, y la corte suprema del universo la aceptó, la redención fue algo terminado.

"Porque si la sangre de los toros y de los machos cabríos, y las cenizas de la becerra rociadas a los inmundos, santifican para la purificación de la carne, ¿cuánto más la sangre de Cristo, el cual mediante el Espíritu eterno se ofreció a sí mismo sin mancha a Dios, limpiará vuestras conciencias de obras muertas para que sirváis al Dios vivo?".

¿Observó que la sangre de los toros y los machos cabríos solo limpia la carne?

La limpieza de la carne significa los sentidos; no limpiaba el corazón; no hacía del hombre una nueva creación.

Así que, por eso es mediador de un nuevo pacto, para que interviniendo muerte para la remisión de las transgresiones que había bajo el primer pacto, los llamados reciban la promesa de la herencia eterna. (Hebreos 9:15)

Ahora puede entender lo que quiso decir en Romanos 3. Él murió por los pecados de quienes vivían bajo el primer pacto que habían sido cubiertos por la sangre año tras año, para que pudieran tener parte en la herencia y en esta redención.

Entienda que la redención en Cristo no solo nos alcanzó a nosotros, sino que retrocedió y redimió a todo hombre que estuvo bajo el primer pacto que había confiando en la sangre de los toros y machos cabríos.

Hebreos 9:26 ahora se entiende con claridad: *"Pero ahora, en la consumación de los siglos, se presentó una vez para siempre por el sacrificio de sí mismo para quitar de en medio el pecado".*

Él trato el problema del pecado.

Ahora es un problema del pecador.

El problema del pecado se terminó y el pecador tiene derecho legal a la vida eterna, porque Dios le amó tanto que dio a su Hijo unigénito.

La redención entonces es un hecho establecido, y es posible ahora que un hombre reciba vida eterna de manera legal.

De modo que si alguno está en Cristo, nueva criatura es; las cosas viejas pasaron; he aquí todas son hechas nuevas. Y todo esto proviene de Dios, quien nos reconcilió consigo mismo por Cristo.   (2 Corintios 5:17–18)

Observe bien que en esta nueva creación, el hombre que acepta a Cristo recibe vida eterna.

La muerte espiritual, la naturaleza del adversario, ha sido expulsada de él, deja de estar en él, y recibe una nueva naturaleza. Su espíritu es recreado.

Su alma o mente tendrán que ser renovadas.

Pero la mente y el espíritu deben tener comunión entre sí, y eso solo es posible si la mente es renovada por la Palabra.

Es muy importante que el creyente vea este hecho.

En Romanos 6:5–6: *"Porque si fuimos plantados juntamente con él en la semejanza de su muerte, así también lo seremos en la de su resurrección; sabiendo esto, que nuestro viejo hombre fue crucificado juntamente con él".*

Observe el tiempo aquí. No dice "está" crucificado con Él, sino "*fue*" crucificado.

La misma verdad la vemos en Gálatas 2:20: *"Con Cristo estoy juntamente crucificado"*.

Nuestra crucifixión y unión con Cristo en la cruz pertenecen al lado legal del plan de redención.

Todo lo que Él hizo por nosotros en su obra redentora está basada en términos legales. (Lo legal está siempre en pasado).

Él fue entregado por nuestras rebeliones.

Él murió por nuestros pecados.

Resucitó por nuestra justificación. Todo está en tiempo pasado.

Ahora observe Romanos 6:6: *"Sabiendo esto, que nuestro viejo hombre fue crucificado juntamente con él, para que el cuerpo del pecado sea destruido, a fin de que no sirvamos más al pecado"*.

Nosotros morimos con Cristo. Fuimos resucitados juntamente con Él.

Así que el viejo hombre, la naturaleza de pecado que era participante de la muerte espiritual, murió con Cristo.

Cuando aceptamos a Jesucristo como nuestro Salvador y le confesamos como nuestro Señor, nos convertimos en una nueva criatura, y experimentalmente ese viejo hombre deja de ser y el nuevo hombre en Cristo ocupa su lugar.

Esto ha sido un grave problema para muchas personas. Dicen: "¿Cómo puede ser así a la luz de la experiencia de Pablo en Romanos 7?".

Romanos 7:7–24 es la experiencia de Pablo como judío bajo la ley. No es la experiencia de una nueva creación. Él dijo: *"Porque sabemos que la ley es espiritual; mas yo soy carnal, vendido al pecado"* (Romanos 7:14).

La ley se cumplió en Cristo. Nadie está bajo la ley hoy. Es cierto, el judío no sabía que murió con Cristo y que su vieja ley y el primer pacto dejaron de existir en Cristo. El judío sigue sin saberlo hoy día, pero es la verdad.

La ley era la maestra de los judíos hasta Cristo; no como algunos traductores tratan de hacernos creer, que la ley es nuestra maestra para llevarnos a Cristo. El texto griego muestra claramente que la ley existió hasta Cristo, y cuando Cristo resucitó de los muertos y se sentó a la diestra de la majestad en las alturas, el pacto abrahámico y la ley mosaica dejaron de funcionar.

No hay nadie bajo la ley mosaica hoy. No pueden ponerse debajo de ella.

Pueden intentarlo, como muchos hacen hoy, pero es solo un farsa.

Tenemos una nueva ley que pertenece al nuevo pacto, del cual Cristo es la Cabeza, y esa nueva ley tiene que gobernar a la nueva creación en Cristo Jesús.

Así, 1 Juan 5:12–13 se convierte en una bendita realidad:

El que tiene al Hijo, tiene la vida; el que no tiene al Hijo de Dios no tiene la vida. Estas cosas os he escrito a vosotros que creéis en el nombre del Hijo de Dios, para que sepáis que tenéis vida eterna, y para que creáis en el nombre del Hijo de Dios.

El creyente tiene vida eterna.

Ha pasado de muerte a vida; del ámbito de Satanás al ámbito de Cristo.

Del ámbito de la muerte espiritual donde reina Satanás, al ámbito de la vida eterna donde reina Jesucristo.

Observe la primera frase en 1 Juan 4:4: *"Hijitos, vosotros sois de Dios"*.

Nosotros somos de Dios. Eso encaja perfectamente con Juan 3:6–7, donde Jesús le dijo a Nicodemo: *"Lo que es nacido de la carne,*

carne es; y lo que es nacido del Espíritu, espíritu es. No te maravilles de que te dije: Os es necesario nacer de nuevo".

La nueva creación es nacida de arriba.

Procede de Dios.

Esta nueva naturaleza fluyó del mismo corazón del Padre a sus espíritus, cuando coronaron a Jesús como Señor de sus vidas.

"Bendito sea el Dios y Padre de nuestro Señor Jesucristo, que nos bendijo con toda bendición espiritual en los lugares celestiales en Cristo" (Efesios 1:3). Cuando aceptamos a Jesucristo como nuestro Salvador, entonces Romanos 8:31–32 se convierte en una realidad basada en los hechos:

¿Qué, pues, diremos a esto? Si Dios es por nosotros, ¿quién contra nosotros? El que no escatimó ni a su propio Hijo, sino que lo entregó por todos nosotros, ¿cómo no nos dará también con él todas las cosas?

En ese otro versículo observará que Él nos ha bendecido con *"toda bendición espiritual"*.

Todo lo que Cristo logró en su obra redentora pertenece a la nueva creación.

No necesita orar por ello o buscarlo, ni creerlo; es suyo.

Filipenses 4:6–7 nos da otro ángulo de nuestra herencia en Cristo: *"Por nada estéis afanosos, sino sean conocidas vuestras peticiones delante de Dios en toda oración y ruego, con acción de gracias".* Después se produce un milagro: *"Y la paz de Dios, que sobrepasa todo entendimiento, guardará vuestros corazones y vuestros pensamientos en Cristo Jesús".*

Cuando sabemos lo que significa para el Padre nuestra redención, y lo que Él quiso que significara para nosotros, entonces salimos del ámbito de la preocupación, el temor y la duda.

"No lo digo porque tenga escasez, pues he aprendido a contentarme, cualquiera que sea mi situación [al margen de las circunstancias]*"* (Filipenses 4:11).

¿Por qué podemos estar al margen de las circunstancias? Porque Filipenses 4:13 dice: *"Todo lo puedo en Cristo que me fortalece".*

Como verá, esta redención en la mente del Padre significa una nueva creación.

Significa ser hijo con todos sus privilegios. Significa que somos parte de la familia y ahora tenemos "derechos y privilegios familiares" que nada puede interrumpir mientras caminemos en amor con Él.

El segundo hecho es que estamos en Cristo.

Es necesario que repasemos un poco.

Somos redimidos. El dominio de Satanás sobre nosotros ha terminado. Él ya no reina sobre nosotros.

No solo somos redimidos, sino que cuando llegamos a la familia de Dios nos convertimos en el amo de Satanás.

Dios nos ha dado el derecho legal a usar el nombre de Jesús, y Mateo 28:18–20 declara: *"Toda potestad me es dada en el cielo y en la tierra. Por tanto, id, y haced discípulos a todas las naciones…y he aquí yo estoy con vosotros todos los días, hasta el fin del mundo".*

¿Cómo está Él con nosotros? Está con nosotros, en su nombre, en su Palabra y en la persona del Espíritu Santo.

En Marcos 16:17–18, dijo:

Y estas señales seguirán a los que creen: En mi nombre echarán fuera demonios; hablarán nuevas lenguas; tomarán en las manos serpientes, y si bebieren cosa mortífera, no les hará daño; sobre los enfermos pondrán sus manos, y sanarán.

Y Marcos 16:20: *"Y ellos, saliendo, predicaron en todas partes, ayudándoles el Señor y confirmando la palabra con las señales que la seguían".*

Como ve, Él no nos ha dejado a merced de un enemigo.

El bebé más pequeño en Cristo tiene derecho legal al nombre de Jesús.

No solo eso, sino que tiene derecho legal a tener al Espíritu Santo morando dentro de él.

No tengo manera de decirle lo que eso significa para mí.

"Porque mayor es el que está en vosotros, que el que está en el mundo" (1 Juan 4:4). ¿Qué hace Él cuando viene a morar? Nos guía a toda verdad o realidad. (Véase Juan 16:13).

Él toma las cosas de Jesús y se las revela a nuestro corazón. Nos imparte la capacidad de Dios.

Si se acuerda, antes de que Jesús se fuera les dijo a sus discípulos que esperasen en Jerusalén hasta que fueran investidos de poder desde lo alto.

Esa palabra, poder, significa capacidad.

El Espíritu Santo iba a venir a morar en ellos con la capacidad divina y hacerles amos de las circunstancias, amos de las situaciones, amos de las naciones.

"No temas, porque yo estoy contigo; no desmayes, porque yo soy tu Dios que te esfuerzo; siempre te ayudaré, siempre te sustentaré con la diestra de mi justicia" (Isaías 41:10). Eso nos pertenece a nosotros hoy. Ese es un cuadro de la nueva creación.

Él no solo nos dio vida eterna y el gran Espíritu Santo poderoso para vivir en nuestro cuerpo, sino que también nos ha hecho la justicia de Dios en Cristo.

La vida de Jesús durante su caminar terrenal fue increíble para hombres de conocimiento de los sentidos.

La justicia hizo que Jesús fuera amo absoluto de cada situación, amo de todos los hombres porque todos los hombres tenían conciencia de pecado. Pero Jesús no.

Shakespeare dijo: "La conciencia [pecado] nos acobarda a todos". Dio en el blanco del problema del pecado.

Cuando un hombre se convierte en la nueva criatura, recibe la misma justicia que tuvo Jesús.

Jesús se convierte en su justicia. (Véase 1 Corintios 1:30).

Esa justicia le hace ser amo de los demonios; le hace ser amo de las circunstancias.

Él no tiene miedo de Satanás, ni de nada que Satanás pueda hacer o haya hecho. La iglesia primitiva vivió realmente la nueva creación. Eran la justicia de Dios demostrándolo en verdad.

No solo a los primeros cristianos se les dio la justicia, sino que ellos mismos fueron hecho la justicia de Dios en Cristo. Cuando recibieron la naturaleza justa del Padre, esa naturaleza les hizo justos.

Cuando recibieron la naturaleza de amor del Padre, esta les hizo hijos de amor.

Esa es la razón por la que pudieron sufrir cualquier tipo de persecución y a la vez amar al perseguidor.

Jesús amaba a Judas y al hombre que clavó los clavos en sus manos y pies.

Pablo amó a los hombres que le golpearon y apedrearon.

Esteban, cuando estaba muriendo, dijo: *"Señor, no les tomes en cuenta este pecado"* (Hechos 7:60).

Este era un nuevo tipo de amor que el mundo jamás había visto.

Dios es amor.

La nueva creación tiene la naturaleza de amor del Padre.

Hay otro elemento destacado que no debemos pasar por alto. Hemos conocido a Dios como un Dios amoroso, un Dios justo, un Dios santo, pero no hemos pensado en Él como un Dios de fe.

Esa es una característica destacada de Dios.

Él creó el universo por fe.

Todo lo que fue hecho en la creación, fue hecho por fe. Él solo dijo: "*Sea…*", y las cosas existieron. Dios es un Dios de fe.

No es de extrañar que todos los que estén leyendo esto miren atrás a esta vida cristiana primitiva.

Cuando nació de nuevo por primera vez estaba lleno de amor; fue lleno de celo que nació de la fe.

De haber tenido la enseñanza correcta, hubiera caminado en una vida de fe que hubiera sacudido la comunidad.

Como verá, nos convertimos en participantes de la fe y naturaleza de Dios. Eso explica ese pasaje en Romanos 12:3: "*Conforme a la medida de fe que Dios repartió a cada uno*".

Cada hombre en el nuevo nacimiento tiene una medida de fe. Esa medida puede aumentar al usarla. Pero bajo la enseñanza moderna, la fe que le fue dada en el nuevo nacimiento es por lo general destruida por la enseñanza del conocimiento de los sentidos.

No debemos omitir Efesios 2:10: "*Porque somos hechura suya, creados en Cristo Jesús para buenas obras, las cuales Dios preparó de antemano para que anduviésemos en ellas*".

Si pudiéramos recordar continuamente que somos las nuevas criaturas de Dios, que Él fue el autor y consumador de estas nuevas criaturas, así como es el autor y consumador de la fe, entonces la vida sería victoriosa.

Él nos dio a luz en la agonía del nacimiento en su obra sustitutoria. Somos el producto de ese nacimiento.

Como ve, nos hemos convertido en hijos e hijas de Dios. Recordamos que Jesús es nuestro ejemplo.

Jesús nunca intentó creer. Actuaba según la Palabra de su Padre. Nunca buscó la fe.

Dijo que hacía lo que su Padre le decía que hiciera.

Nosotros animamos a los no creyentes a conseguir algo. Deberíamos animarles a actuar en base a la Palabra.

Jesús les pertenece. Lo único que tienen que hacer es confesar su señorío, y en el momento en que lo hacen, reciben vida eterna.

Creer es actuar en base a la Palabra.

El creyente es alguien que ha actuado en base a la Palabra.

El no creyente es alguien que aún no ha actuado.

El uno es un *poseedor*; el otro puede que sea simplemente un *buscador* que va tras algo que aún no ha reclamado como suyo.

Quiero que usted sepa en su corazón que usted es lo que Él dice que es.

Él quiere que actúe, que confiese lo que Él ha hecho en usted; lo que Él le ha hecho ser.

Esto glorificará a Dios y fortalecerá su fe.

Negar lo que somos y contar lo que Satanás está haciendo en nuestro cuerpo o mente, es negar lo que somos en Cristo.

Todo es posible ahora, porque somos los hijos de Dios. Estamos unidos con Él.

Capítulo 8

LOS ASPECTOS LEGALES Y VITALES DE LA REDENCIÓN

Hasta que uno no es consciente de estas dos fases de la revelación, habrá vaguedad en su enseñanza y falta de solidez en su pensamiento y su vida.

El lado legal de la redención es lo que Dios hizo por nosotros en Cristo. Está en el pasado.

Romanos 4:25 es una buena ilustración: *"El cual fue entregado por nuestras transgresiones, y resucitado para nuestra justificación"*.

Esta es otra:

Porque primeramente os he enseñado lo que asimismo recibí: Que Cristo murió por nuestros pecados, conforme a las Escrituras; y que fue sepultado, y que resucitó al tercer día, conforme a las Escrituras. (1 Corintias 15:3–4)

Estos dos versículos ilustran perfectamente lo que Dios hizo por nosotros en su obra redentora.

Lo vital se puede ilustrar. *"Ahora, pues, ninguna condenación hay para los que están en Cristo Jesús"* (Romanos 8:1). *"En quien tenemos redención por su sangre, el perdón de pecados"* (Colosenses 1:14).

Lo vital es lo que realmente tenemos ahora; lo que el Espíritu Santo está haciendo en nosotros hoy.

Si uno solo tuviera el lado legal del plan de redención, le llevaría a un formalismo frío y muerto.

Sacaría las doctrinas de la realidad y gobernaría el conocimiento de los sentidos.

Las enseñanzas vitales solo llevarán al fanatismo, magnificando las experiencias por encima de la Palabra.

Cuando se entiende el aspecto vital, sabemos lo que nos pertenece en Cristo.

Conocemos los derechos como hijo. Aprendemos a ocupar nuestro lugar. Disfrutamos de nuestros privilegios, y la parte vital entonces se convierte en una realidad.

Todo lo que es legalmente nuestro se puede convertir en vitalmente nuestro por el ministerio del Espíritu a través de la Palabra en nosotros.

Un pequeño estudio del lado legal podría ayudarnos.

"Al que no conoció pecado, por nosotros lo hizo pecado, para que nosotros fuésemos hechos justicia de Dios en él" (2 Corintios 5:21). Eso es lo que Dios logró en Cristo.

Él depositó nuestros pecados sobre Cristo.

Él fue golpeado, herido de Dios y afligido.

Mas él herido fue por nuestras rebeliones, molido por nuestros pecados; el castigo de nuestra paz fue sobre él, y por su llaga fuimos nosotros curados. Todos nosotros nos descarriamos como ovejas, cada cual se apartó por su camino; mas Jehová cargó en él el pecado de todos nosotros.   (Isaías 53:5–6)

Él no solo puso nuestros pecados sobre Jesús, sino que hizo a Jesús pecado.

Romanos 3:21–26 es quizá la gran frase que ilustra el lado legal del plan de redención.

Pero ahora, aparte de la ley, se ha manifestado [revelado; o, como lo dice un traductor, "llevado a la luz"] *la justicia de Dios, testificada por la ley y por los profetas; la justicia de Dios por medio de la fe en Jesucristo, para todos los que creen en él. Porque no hay diferencia, por cuanto todos pecaron, y están destituidos de la gloria de Dios.*   (Romanos 3:21–23)

Este es un pequeño toque de lo vital en Romanos 3:24: *"Siendo justificados gratuitamente por su gracia, mediante la redención que es en Cristo Jesús".*

En Romanos 3:25–26, volvemos a la parte legal:

A quien Dios puso como propiciación [o un propiciatorio donde la sangre era rociada por el sumo sacerdote] *por medio de la fe en su sangre, para manifestar su justicia, a causa de haber pasado por alto, en su paciencia, los pecados pasados, con la mira de manifestar en este tiempo su justicia.*

Aquí podemos captar un destello de lo vital: *"A fin de que él sea el justo, y el que justifica al que es de la fe de Jesús"* (Romanos 3:26).

Como ve, el Espíritu ha basado nuestra justicia presente en la obra que ha sido lograda en su gran obra sustitutoria.

Tito 2:14 es otro versículo que muestra el lado legal: *"Quien se dio a sí mismo por nosotros para redimirnos de toda iniquidad y purificar para sí un pueblo propio, celoso de buenas obras".*

Algunos hechos vitales

Uno de los versículos vitales más valiosos es 2 Corintios 5:17–18:

De modo que si alguno está en Cristo, nueva criatura es; las cosas viejas pasaron; he aquí todas son hechas nuevas. Y todo esto proviene de Dios, quien nos reconcilió consigo mismo por Cristo, y nos dio el ministerio de la reconciliación.

Es muy importante que reconozcamos este hecho, que todo lo que Cristo logró por nosotros en su sacrificio sustitutorio, le pertenece al creyente.

Efesios 1:17–23 es una parte del gran acta constitutiva de nuestra redención, y esto es tanto legal como vital.

Él revela lo que hizo por nosotros.

Él revela su proceso de edificar la naturaleza misma y la vida del Padre en nuestro espíritu.

Él dijo: quiero que sepa cuál es la supereminente grandeza de su capacidad para nosotros los que creemos.

Según la operación del poder de su fuerza, la cual operó en Cristo, resucitándole de los muertos y sentándole a su diestra en los lugares celestiales, sobre todo principado y autoridad y poder y señorío, y sobre todo nombre que se nombra, no sólo en este siglo, sino también en el venidero; y sometió todas las cosas bajo sus pies, y lo dio por cabeza sobre todas las cosas a la iglesia, la cual es su cuerpo, la plenitud de Aquel que todo lo llena en todo.   (Efesios 1:19–23)

Aquí tenemos el trasfondo leal de su gran obra sustitutoria, de su victoria absoluta sobre las fuerzas de las tinieblas antes de resucitar de los muertos.

Colosenses 2:15 dice: "*Y despojando a los principados y a las potestades, los exhibió públicamente, triunfando sobre ellos en la cruz*". No hemos sabido reconocer este bendito hecho, que en la obra sustitutoria de Cristo fue como si nosotros mismos estuviéramos con Él.

Él no solo fue crucificado, sino que en Romanos 6:8, dice: "*Y si morimos con Cristo, creemos que también viviremos con él*". No solo fuimos crucificados con Él sino que morimos con Él.

En Colosenses 2:12 fuimos sepultados con Él.

En 1 Timoteo 3:15 fuimos justificados con Él.

En Colosenses 2:13 fuimos vivificados con Él: "*Y a vosotros... os dio vida juntamente con él*".

Después, en Efesios 2:6, nos resucitó con Él y nos hizo sentar con Él en los lugares celestiales.

En estos versículos obtenemos un cuadro vivo de toda la obra sustitutoria de Cristo, en la que tenemos una identificación perfecta. Fue hecha por nosotros.

Es el trasfondo legal de nuestra redención.

Puede decir: "Sí, yo fui crucificado con Él. Me identifiqué con Él en su vergüenza y sus profundas agonías en la cruz.

"Más que eso, Dios no solo puso mi pecado sobre Él y le hizo pecado con mi pecado, sino que me puso sobre Él.

"Él estaba tomando mi lugar. Estaba actuando en mi lugar.

"Fue mi pecado lo que le dejó desnudo.

"Fue mi pecado lo que hizo que le pusieran la corona de espinos sobre su cabeza.

"Fue mi pecado lo que clavó los clavos en sus manos y pies.

"Fue el amor el que estaba ocupando mi lugar y sufriendo por mí para que yo pudiera ser rescatado de la autoridad de las tinieblas y el poder del pecado y de la muerte espiritual.

"Puedo decir que morí con Él; que cuando Él murió en la cruz, participó de mi muerte espiritual, y yo fui identificado con Él en esa muerte espiritual.

"Fue como si yo hubiera estado ahí en persona y hubiéramos dejado su cuerpo juntos.

"Cuando Él murió en la cruz, Él y yo fuimos al lugar donde yo debería haber ido solo, pero Él fue conmigo como mi sustituto. Fue conmigo para sufrir en mi lugar.

"Estaba llevando mi pecado conmigo, el viejo yo espiritualmente muerto. Él sufrió ahí hasta que las demandas de la justicia en contra mía fueron cumplidas y ya no hubo más cargos contra mí.

"Mi muerte espiritual y unión con Satanás fueron borradas. Y luego Él fue justificado en Espíritu.

"Su justificación fue por mí, porque Él fue allí por mí.

"Él no fue allí por su propia cuenta. Fue por mí, y en cuanto fue justificado, fue recreado, vivificado en espíritu, y ese maravilloso versículo en Hechos 13:33, *'Mi hijo eres tú, yo te he engendrado hoy'*, se hizo realidad.

"Ahí mismo en esos terribles entornos Él nació de nuevo. Se había convertido en la justicia misma de Dios ahí mismo.

"Y ahora puedo entender Efesios 2:10: *'Porque somos hechura suya, creados en Cristo Jesús'*.

"Ese es el lado legal del nuevo nacimiento. En la mente de la justicia, fuimos recreados ahí mismo cuando Cristo fue recreado, porque Él es la cabeza del cuerpo, el primogénito de entre los muertos.

"Él fue la primera persona en nacer de nuevo. En su nacimiento, todo el cuerpo de Cristo consiguió que lograra para él la obra legal.

"Después, venció al adversario, pero en la mente de la justicia yo estaba con Él.

"Cuando despojó a Satanás de su autoridad y dominio, fue su victoria y la mía.

"Nosotros estábamos allí en la mente de la justicia.

"Pusimos nuestro pie en el cuello del enemigo; le despojamos de su autoridad; le dejamos derrotado y quebrantado, y luego fuimos resucitados juntamente con Cristo.

"Satanás está vencido.

"Se ha logrado el nuevo nacimiento".

La nueva creación, en la mente de la justicia, se ha hecho efectiva, y ahora no solo hemos resucitado juntamente con Cristo, sino que también estamos sentados con Él.

En la mente de la justicia, cada miembro del cuerpo de Cristo está sentado a la diestra de la majestad en las alturas.

En la mente de la justicia, somos totalmente uno con Él. Estamos completos en Él.

Todo lo que Él hizo, lo hizo por nosotros.

Él es la Cabeza del cuerpo, y como la Cabeza del cuerpo, no puede ser exaltado tan alto que el cuerpo no pueda estar ahí con Él compartiendo su gloria, compartiendo todas sus victorias.

Efesios 1:4–6 nos da un anticipo de nuestra Redención:

Según nos escogió en él antes de la fundación del mundo, para que fuésemos santos y sin mancha delante de él, en amor habiéndonos predestinado para ser adoptados hijos suyos por medio de Jesucristo, según el puro afecto de su voluntad, para alabanza de la gloria de su gracia, con la cual nos hizo aceptos en el Amado.

Los siguientes versículos cambian a lo vital:

En quien tenemos redención por su sangre, el perdón de pecados según las riquezas de su gracia, que hizo sobreabundar para con nosotros en toda sabiduría e inteligencia, dándonos a conocer el misterio de su voluntad.   (Efesios 1:7–9)

Ahora podemos ver el trasfondo de una unión vital con Cristo.

Podemos entender lo que significa que Él diga: *"Porque Dios es el que en vosotros produce así el querer como el hacer, por su buena voluntad"* (Filipenses 2:13).

Podemos entender Colosenses 1:28–29: *"A fin de presentar perfecto en Cristo Jesús a todo hombre; para lo cual también trabajo, luchando según la potencia de él, la cual actúa poderosamente en mí"*.

El sueño de Pablo en Cristo era presentar a cada creyente perfecto, sin *"mancha ni arruga ni cosa semejante"* (Efesios 5:27).

Que sueño debió de haber sido.

Ahora podemos entender Efesios 3:16: *"Para que os dé, conforme a las riquezas de su gloria, el ser fortalecidos con poder en el hombre interior por su Espíritu"*.

Este hombre interior se ha convertido en una nueva creación. Ha recibido la vida y la naturaleza del Padre, y ahora el Espíritu a través de la Palabra está construyendo en *"el interno, el del corazón"* (1 Pedro 3:4), la capacidad para vivir como lo hizo Jesús en su caminar terrenal.

Recuerde que debemos andar en amor; debemos seguir el amor. Recuerde que el amor nunca falla, y no piensa lo malo; siempre buenos pensamientos, pensamientos hermosos acerca de todos. (Véase 1 Corintios 13).

Nunca tiene enemistad.

Tratamos al que ha mentido acerca de nosotros como Jesús trató a Pedro después de la resurrección.

¿No se imagina a Jesús buscando al hombre que clavó los clavos en sus manos y diciéndole: "Yo morí por ti"? Encontrar al hombre que hizo la corona de espinos y la puso en su frente, diciéndole "Yo voy a darte una corona de justicia, una corona de gloria y una corona de vida".

Pablo dijo: *"Para que habite Cristo por la fe en vuestros corazones"* (Efesios 3:17).

Como ve, Cristo y la Palabra son una misma cosa.

Cuando la Palabra mora en el corazón del creyente, obteniendo el control de todo su ser, ese es Cristo obteniendo el control. El señorío de Jesús sobre una vida es en realidad el señorío de la Palabra. La Palabra obtiene la preeminencia de una forma tan absoluta que domina su pensamiento.

El señorío de Jesús y el señorío de la Palabra son realmente el señorío de este nuevo tipo de amor: *ágape*.

Qué vidas tan hermosas hace eso.

Cuando este "hombre interior", este hombre "interno, el del corazón", es gobernado por la naturaleza de amor del Padre, inconscientemente ocupa el lugar de Jesús.

Como ve, nos arraigamos y cimentamos en *ágape*.

No lo tenemos como una doctrina.

No es un concepto mental. Es real.

El Padre nos ha llenado tanto con su naturaleza que amamos inconscientemente.

Hemos recibido la capacidad de entender la naturaleza de amor de Cristo que sobrepasa la comprensión de nuestro conocimiento de los sentidos, y ahora finalmente el sueño del Padre para nosotros se está cumpliendo. Somos llenos con toda la plenitud de Dios.

La naturaleza de amor nos ha engullido, como en 2 Corintios 5:4: *"Sino revestidos, para que lo mortal sea absorbido por la vida"*.

La vida es *zoe*, la naturaleza del Padre, y la naturaleza del Padre es amor. Somos absorbidos, inmersos, sumergidos bajo el amor.

Ahora podemos entender Efesios 3:20: *"Y a Aquel que es poderoso para hacer todas las cosas mucho más abundantemente de lo que pedimos o entendemos, según el poder que actúa en nosotros"*.

Es la capacidad del Padre revelada.

No solo es revelada, sino que está apretando la mano del amor omnipotente; todo mi ser interior lanzándome fuera de la órbita del conocimiento de los sentidos a la órbita del conocimiento revelado o de la realidad de la revelación.

Ahora sé lo que Jesús quiso decir cuando dijo:

Pero cuando venga el Espíritu de verdad [o el Espíritu de realidad], *él os guiará a toda la verdad; porque no hablará por su propia cuenta, sino que hablará todo lo que oyere, y os hará saber las cosas que habrán de venir.*   (Juan 16:13)

Las cosas de la nueva creación, el despliegue de la misma naturaleza del Padre, la cual Él declara en Cristo. Primero, *"El me glorificará; porque tomará de lo mío, y os lo hará saber"* (Juan 16:14).

Esta es la vida de la resurrección en nosotros. Este es el Espíritu Santo trabajando en nosotros a través de la Palabra; todo lo que se compró para nosotros; todo lo que es legalmente nuestro para nuestro caminar diario.

Mire, el Padre tenía un sueño para nosotros.

En ese pequeño adelanto de la nueva creación que le di, Él nos dio una sugerencia de su intenso amor por nosotros, y cómo iba a edificarnos en sí mismo.

Iba a tomar su justicia, su santidad y su verdad, o realidad, y formarlas en nosotros hasta que encajásemos en su sueño, y Él pudiera decir, como les dijo a los perplejos discípulos: *"Este es mi Hijo amado, en quien tengo complacencia"* (Mateo 3:17).

Después diría: "Estos son mis amados hijos, en quienes mi corazón ha encontrado un descanso y satisfacción perfectos".

Capítulo 9

COMPARTIR CON ÉL

En Gálatas 2:20, encontramos una de las vistas más ricas del ministerio de Cristo para nosotros: *"Con Cristo estoy juntamente crucificado, y ya no vivo yo, mas vive Cristo en mí"*.

El corazón apenas puede entender la realidad que se nos revela aquí. Hemos participado en su crucifixión.

Esta es la parte legal de nuestra identificación con Cristo.

Mire, Él compartió con nosotros su encarnación. Se hizo uno con nosotros.

Nos dio su gloria real y se hizo uno con la humanidad perdida y sufriente.

Fue uno con nosotros en su sustitución.

Él tiene parte en nosotros; comparte nuestros pecados, nuestras enfermedades, nuestras dolencias. Él las tomó sobre sí mismo.

Esta participación fue tan real que *"al que no conoció pecado, por nosotros lo hizo pecado"* (2 Corintios 5:21) para identificarse con nosotros, para bajar a nuestro nivel.

No solo se atribuyó a sí mismo el pecado, pecado puesto sobre Él como el sumo sacerdote ponía el pecado de Israel sobre el macho cabrío, sino que en verdad se convirtió en pecado.

Difícilmente podemos entender el hecho de que la Deidad pudiera hacerse pecado, pero lo hizo. Murió espiritualmente. El justo por los injustos, para que pudiera llevarnos a Dios.

En la nueva creación, tenemos parte con Él. Él es la Cabeza; nosotros somos el cuerpo.

Él se ha impartido a nosotros, y cuando se nos impartió, nos dio un nuevo yo en el lugar de nuestro antiguo yo.

Ese yo antiguo, caído, gobernado por el pecado fue desplazado, y el nuevo yo de Jesús, el yo de la nueva creación, el yo semejante al de Dios, el yo que es hecho a la imagen de Cristo, se convirtió en nuestro nuevo yo.

Vea lo profundamente que compartió con nosotros; lo mucho que se hizo uno con nosotros.

Pero en Colosenses 3:1–3, él dice:

Si, pues, habéis resucitado con Cristo, buscad las cosas de arriba, donde está Cristo sentado a la diestra de Dios. Poned la mira en las cosas de arriba, no en las de la tierra. Porque habéis muerto, y vuestra vida está escondida con Cristo en Dios.

Aquí vemos un destello de nuestra profunda unidad con Él, de la totalidad de esta unión.

Qué es más real que esto: *"Yo soy la vid, vosotros los pámpanos"* (Juan 15:5).

Aquí Él nos muestra que somos la parte de Él que lleva fruto.

Somos la parte de Él que revela el amor.

Somos la parte de Él que bendice y toca a la humanidad. Somos la parte de Él que lleva vida eterna al hombre perdido. Estamos participando en su resurrección.

El corazón se emociona.

Si participamos en su resurrección, participamos en su victoria sobre Satanás: participamos en su victoria sobre el pecado.

Hemos sido resucitados juntamente con Él.

Estamos participando en su victoria sobre el adversario.

Entonces Satanás sabe que le vencimos en Cristo, que estábamos con el Maestro cuando le redujo a la nada y triunfó sobre él, y despojó de sí mismo los principados y las potestades, cuando Jesús exhibió a Satanás ante sus propias huestes en las regiones oscuras; eso compartimos con Él y fuimos una parte de esa gran victoria.

¿Y se ha dado cuenta de que estamos participando en las cosas en las alturas donde el Mesías está entronado a la diestra de Dios?

Estamos sentados con Él.

En Efesios 2:6–8, fuimos resucitados juntamente con Él; y después no solo fuimos resucitados con Él, sino que fuimos sentados con Él:

> *Y juntamente con él nos resucitó, y asimismo nos hizo sentar en los lugares celestiales con Cristo Jesús, para mostrar en los siglos venideros las abundantes riquezas de su gracia en su bondad para con nosotros en Cristo Jesús. Porque por gracia sois salvos por medio de la fe; y esto no de vosotros, pues es don de Dios.*

Estamos sentados como uno con Él en el trono ahora.

Él es la Cabeza del cuerpo; somos miembros del cuerpo. Donde está la Cabeza, está también el cuerpo.

La autoridad que pertenece a la Cabeza pertenece al cuerpo. Ahora puede entender Mateo 28:18: *"Toda potestad me es dada en el cielo y en la tierra"*. Toda autoridad; todo dominio.

Usted entiende ahora por qué pudo decir *"despojando a los principados y a las potestades"* (Colosenses 2:15).

Puede entender cómo Él *"los exhibió públicamente"* (Colosenses 2:15).

Él fue el Maestro, con la omnipotencia y capacidad del Padre.

Nosotros participamos de eso.

Él nos ha dado el uso legal de su nombre. En ese nombre está investida toda la autoridad que el Padre le dio después de la resurrección. Ese nombre es nuestro, y tenemos derecho legal a usarlo.

Oh, cuánto desearía que nuestros corazones pudieran asimilarlo. Los días de nuestra derrota y fracaso se terminarían entonces.

Romanos 6 vierte mucha luz sobre nuestra unión con Cristo:

En ninguna manera. Porque los que hemos muerto al pecado, ¿cómo viviremos aún en él? ¿O no sabéis que todos los que hemos sido bautizados en Cristo Jesús, hemos sido bautizados en su muerte? Porque somos sepultados juntamente con él para muerte por el bautismo, a fin de que como Cristo resucitó de los muertos por la gloria del Padre, así también nosotros andemos en vida nueva. Porque si fuimos plantados juntamente con él en la semejanza de su muerte, así también lo seremos en la de su resurrección; sabiendo esto, que nuestro viejo hombre fue crucificado juntamente con él, para que el cuerpo del pecado sea destruido, a fin de que no sirvamos más al pecado. (Romanos 6:2–6)

Observe que participamos con Cristo en su muerte, participamos con Él en su resurrección, y estamos participando ahora con Él a la diestra del Padre.

Desde otro ángulo, Él está participando en nuestro ministerio como pámpanos de la vid.

Nosotros somos su testimonio.

Somos ahora su confesión.

Le estamos diciendo osadamente al mundo que estamos en Cristo.

Hemos ocupado nuestro lugar en Cristo.

Estamos actuando como parte de Él.

Participamos de todo lo que Él hizo. Él está participando de todo lo que somos.

Eso trae una cercanía a la realidad de esa gran unidad entre la Cabeza y el cuerpo.

Verá, nosotros sufrimos con Él; participamos en ello.

Participamos en su justificación.

Tuvimos parte con Él cuando fue vivificado en esa región oscura, y oímos al Padre susurrar: *"Mi hijo eres tú, yo te he engendrado hoy"* (Hechos 13:33), hablando de su resurrección.

Participamos de su resurrección. Participamos del poder y la autoridad de ella.

Cuando Él puso a todos los enemigos bajo sus pies, estaban también debajo de nuestros pies.

Cuando Él triunfó sobre ellos, fue también nuestro triunfo.

Y ahora llevamos a cabo su preciosa voluntad en la tierra. Él está compartiendo su capacidad, sabiduría y amor con nosotros.

Usted vio eso en Romanos 6:6, participamos de su resurrección; y en Efesios 2:5–6, participamos de su vida y su trono. En Romanos 6:8 lo entendió claramente: participamos de su nueva vida, la nueva vida de la resurrección; la misma vida maravillosa que Jesús tuvo.

"Y a vosotros, estando muertos en pecados y en la incircuncisión de vuestra carne, os dio vida juntamente con él, perdonándoos todos los pecados" (Colosenses 2:13).

¿No ve la profunda unidad, nuestra unión total en Cristo?

¿No ve que hoy usted está participando de su naturaleza divina, que cuando cede a la vida interior de Dios en su espíritu, de forma lenta pero segura obtiene la preeminencia sobre sus facultades de raciocinio hasta que su mente es renovada mediante la lectura de la Palabra, que es realmente la mente revelada de Cristo?

Usted tendrá la mente de Cristo.

No olvide por un instante que en la mente del Padre usted participa del trono de la gracia. A usted le pertenece una parte de ello.

"Y juntamente con él nos resucitó, y asimismo nos hizo sentar en los lugares celestiales con Cristo Jesús" (Efesios 2:6). ¿Por qué en *"lugares celestiales"*? Porque nuestra Cabeza está allí. Nuestro Señor está allí. Maravilloso, ¿verdad?

A veces me pregunto cómo Pablo y Juan y el resto de los reunidos en torno al trono se sienten con respecto a nosotros que estamos aquí abajo.

Me imagino a Pablo anhelando que podamos entender las riquezas de las revelaciones que nos dio del Cristo viviente en su resurrección.

¿No ve cómo reinamos con Él?

En su sustitución participamos con Él de la cruz y el trono.

Fuimos crucificados con Él; morimos con Él; sufrimos con Él; fuimos justificados con Él; fuimos vivificados con Él; resucitamos con Él y ahora estamos sentados con Él.

"Pues si por la transgresión de uno solo reinó la muerte, mucho más reinarán en vida por uno solo, Jesucristo, los que reciben la abundancia de la gracia y del don de la justicia" (Romanos 5:17). Este es el clímax de nuestro caminar terrenal.

Esa gracia rebosante es el desborde de la naturaleza de amor del Padre que fue vertida en nuestros corazones por el Espíritu Santo.

El don de justicia nos da nuestra posición legal ante el Padre.

La gracia rebosante fue la llegada de la naturaleza y la vida, la sustancia y ser de nuestro Padre en nuestros espíritus. La entrada de la naturaleza del Padre nos ha hecho justos, nos ha hecho como el Padre, como Jesús; nos hizo ser profundamente uno con Él.

Ahora reinamos como reyes en el ámbito de esta nueva vida mediante Jesucristo nuestro Señor.

Mire, estábamos en esclavitud y éramos siervos del adversario. Ahora somos los gozosos esclavos por amor de Jesús.

Somos herederos de Dios y coherederos con Cristo, y estamos entrando en ese nuevo conocimiento de lo que somos en Cristo.

La conciencia de pecado nos ha robado en el pasado nuestra fe; nos ha robado nuestro sentimiento de dignidad; nos ha robado nuestro gozo de ser hijos.

Sabemos ahora que esa conciencia de pecado fue tan solo un camuflaje del adversario.

Estábamos completos en Cristo, pero no lo sabíamos. Éramos la justicia de Dios en Cristo y no lo sabíamos.

Mientras Satanás pudo mantenernos ignorantes, nos mantuvo en oscuridad y debilidad.

Pero el velo ahora ha sido roto. La luz ha brillado.

La luz que teníamos antes era oscuridad, pero ahora esta es la luz de la vida. *"El que me sigue, no andará en tinieblas"* (Juan 8:12).

Caminábamos en la oscuridad, pero ahora Él es la luz de nuestra vida. Él es nuestra vida. Él es nuestra luz.

Hemos venido a ser como aquellos cuyos ojos habían estado cegados pero ahora han recibido luz, y vemos las cosas como realmente son.

Antes, íbamos a tientas y anhelábamos. Ahora hemos salido de la esfera del anhelo a la esfera de la seguridad.

Es la esfera de la realidad.

Sabemos quiénes somos, lo que somos. Conocemos la gracia que nos ha sido concedida.

Caminamos a la luz de esta vida maravillosa que Cristo trajo al mundo.

Capítulo 10

LA LEY DE VIDA

La ley del nuevo pacto es un contraste perfecto con la ley del antiguo pacto.

La ley del nuevo pacto se llama "ley de pecado y muerte". La ley del antiguo pacto se llama "ley del espíritu de vida".

Una ley esclavizaba a los hombres; la otra ley les hizo libres de la ley del pecado y la muerte.

El título que recibió la primera ley fue un título que daba miedo: "De pecado y muerte".

Tanto el pecado como la muerte son del adversario, y así la ley del antiguo pacto fue dada a los hombres que estaban gobernados por el adversario, que tenían una naturaleza satánica y vivían en la esfera de Satanás.

Nunca se dio para las personas de la nueva creación.

Ningún hombre nacido de nuevo tiene parte alguna en los Diez Mandamientos.

Estos fueron cumplidos en Cristo y dejados a un lado.

Verá, Él cumplió el pacto abrahámico primero, y después de que fue cumplido, todo aquello conectado con ese pacto fue dejado a un lado y terminado y enrollado en ese primer documento.

Después Jesús inauguró un nuevo pacto.

El primer pacto fue sellado con la sangre de toros y machos cabríos. El segundo pacto fue sellado con la sangre de Jesús.

A la nueva creación que está bajo el nuevo pacto se le dio una nueva ley. Jesús la dio.

Un mandamiento nuevo os doy: Que os améis unos a otros; como yo os he amado, que también os améis unos a otros. En esto conocerán todos que sois mis discípulos, si tuviereis amor los unos con los otros. (Juan 13:34–35)

Las epístolas paulinas son una revelación y una exposición de esta nueva ley.

Así como Levítico, Números y Deuteronomio son una exposición de la ley del primer pacto, así estas epístolas de Pablo se nos dan para explicar la ley del nuevo pacto.

La ley del amor

Primera de Corintios 13 es una revelación de lo que es esta nueva ley del amor, lo que hace y lo que no hace.

En otras epístolas de Pablo, vemos esta nueva ley siendo demostrada en la vida cotidiana de la nueva creación.

Es muy importante que entendamos este hecho: la ley del nuevo pacto no está diseñada para hombres fuera de Cristo.

El hombre natural no puede obedecer el nuevo mandamiento que Jesús dio.

Solo hay un mandamiento que gobierna la nueva creación, y es amarse unos a otros como Jesús nos amó.

Este nuevo mandamiento hizo que cualquier otro mandamiento fuera totalmente innecesario, porque el hombre que anda en amor nunca hará nada malo.

Como el amor era el cumplimiento del antiguo pacto, también es el cumplimiento del nuevo.

Alguien pregunta: "¿Por qué se le llama a la ley mosaica la 'ley de pecado y muerte'?". Porque era para gobernar a hombres espiritualmente muertos.

La ley del Espíritu de vida es para gobernar a hombres recreados. Es el espíritu de amor.

Es la ley del corazón de Cristo.

La ley que gobernó a los muertos en espíritu es la ley de Moisés.

Es imposible que alguien viva bajo la ley mosaica hoy porque ha sido cumplida y puesta a un lado con el pacto abrahámico.

Verá, la "ley del espíritu de vida" en Cristo Jesús hizo al judío que es una nueva criatura libre de la "ley de pecado y muerte".

"Porque si la ley dada pudiera vivificar, la justicia fuera verdaderamente por la ley" (Gálatas 3:21). Esta es una frase impactante. Si hubiera habido una ley que pudiera dar a los hombres vida eterna, entonces la justicia hubiera sido algo de la ley.

"Mas la Escritura lo encerró todo bajo pecado, para que la promesa que es por la fe en Jesucristo fuese dada a los creyentes" (Gálatas 3:22).

Ahora observe los siguientes versículos:

Pero antes que viniese la fe, estábamos confinados bajo la ley, encerrados para aquella fe que iba a ser revelada. De manera que la ley ha sido nuestro ayo, para llevarnos a Cristo, a fin de que fuésemos justificados por la fe.   (Gálatas 3:23–24)

La ley nunca llevó a nadie a Cristo.

La ley era una "ley de pecado y muerte".

El Espíritu Santo es el único que puede llevar a un hombre a Cristo.

"Pero venida la fe, ya no estamos bajo ayo, pues todos sois hijos de Dios por la fe en Cristo Jesús" (Gálatas 3:25–26).

Quiero que observe cuidadosamente la siguiente frase:

Porque todos los que habéis sido bautizados en Cristo, de Cristo estáis revestidos. Ya no hay judío ni griego; no hay esclavo ni libre; no hay varón ni mujer; porque todos vosotros sois uno en Cristo Jesús. (Gálatas 3:27–28)

Ahora puede entender usted 1 Corintios 9:19–20, donde Pablo dijo, hablando de su ministerio como ganador de almas:

Por lo cual, siendo libre de todos, me he hecho siervo de todos para ganar a mayor número. Me he hecho a los judíos como judío [cuando se convirtió en una nueva creación había dejado de ser judío], *para ganar a los judíos; a los que están sujetos a la ley (aunque yo no esté sujeto a la ley) como sujeto a la ley, para ganar a los que están sujetos a la ley.*

Esto se escribió antes de que el templo y toda la jerarquía judía hubiese sido destruida por Tito.

Debemos entender claramente que el momento en que un gentil se convierte en una nueva creación deja de ser un gentil.

En 1 Corintios 10:32 tenemos las tres divisiones étnicas de la raza humana: *"No seáis tropiezo ni a judíos, ni a gentiles, ni a la iglesia de Dios".*

No hay judíos ni gentiles en la iglesia de Dios. Todos somos un hombre en Cristo.

El gentil dejó de ser gentil y el judío dejó de ser judío en el momento en que se convirtieron en nuevas criaturas.

Esto es algo muy importante.

La gente que está intentando vivir bajo el pacto mosaico debe aprender este hecho, que según Gálatas 3:21, la ley no puede dar vida eterna al hombre.

La ley no puede dar justicia al hombre.

Si la ley pudiera haber hecho eso, entonces Cristo no necesitaba haber muerto, porque lo único que el hombre necesitaba hacer era guardar la ley mosaica, los Diez Mandamientos, y sería vivificado y justificado.

Pero como no era ni vivificado ni justificado, tenía que ser cubierto con la sangre de toros y machos cabríos cada año.

Esa sangre representaba vida, un tipo de la vida de Dios que se le daría a la nueva creación.

El pacto mosaico fue dado a personas espiritualmente muertas. Era una ley para gobernar al hombre natural.

¿Alguna vez se ha dado cuenta de que el Padre no manda que la nueva creación en Cristo le ame? ¿Por qué?

Tiene la naturaleza de amor en él y no puede hacer otra cosa sino amarle.

Ha nacido del amor.

Ninguna de las leyes de los Diez Mandamientos encaja bien a un hijo de Dios. Hay solo una ley para la nueva creación: que nos amemos unos a otros como Jesús nos amó. (Véase Juan 13:34).

La ley de Moisés fue dada por Dios a Israel mediante un ángel, porque Dios no podía hablar al hombre de ninguna otra forma.

Hay una sugerencia en Éxodo 33 de que Dios habló con Moisés cara a cara, pero es la única vez en toda la historia humana en la que Dios habló a un hombre.

Así que podemos ver que hay una gran diferencia entre la ley de vida en Cristo y la ley de muerte en el primer pacto.

Romanos tiene otra sugerencia para nosotros: *"Porque la ley del Espíritu de vida en Cristo Jesús me ha librado* [como judío] *de la ley del pecado y de la muerte"* (Romanos 8:2).

Este versículo no se puede aplicar a un gentil, porque ningún gentil estuvo jamás bajo la "ley de pecado y muerte".

Después, le demuestra la importancia de la ley:

Porque lo que era imposible para la ley, por cuanto era débil por la carne [o para los sentidos de los hombres espiritual-mente muertos], *Dios, enviando a su Hijo en semejanza de carne de pecado y a causa del pecado, condenó al pecado en la carne; para que la justicia de la ley se cumpliese en nosotros* [la nueva creación], *que no andamos conforme a la carne, sino conforme al Espíritu.*

La palabra griega *sarx*, traducida como *"carne"*, se debería tra-ducir como "sentidos" cada vez. Se entiende mejor.

Observe Romanos 8:5: *"Porque los que son de la carne* [senti-dos] *piensan en las cosas de la carne* [sentidos]". ¿Por qué? Porque los sentidos son los hijos del cuerpo físico.

Son la descendencia de la vida humana natural: ver, oír, probar, oler y sentir.

Comunican todo el conocimiento al cerebro que tenemos fuera de Cristo.

Así que los que van tras los sentidos están gobernados por los sentidos porque están acostumbrados a obedecerles.

Los que van tras el espíritu están acostumbrados a obedecer las cosas del espíritu.

La palabra *"espíritu"* aquí significa el hombre recreado. Así pues, permítame leerlo así: "Porque los que van tras los sentidos harán las cosas que sugieren los sentidos. Pero los que van tras el espíritu recreado, harán las cosas del espíritu recreado que tiene la naturaleza y vida de Dios en él".

Ahora el siguiente versículo: *"Porque el ocuparse de la carne es muerte, pero el ocuparse del Espíritu es vida y paz"* (Romanos 8:6). Una traducción más literal sería: "Porque la mente de los senti-dos está bajo el dominio de la muerte espiritual, pero la mente del espíritu recreado está bajo el dominio de *zoe*, la vida de Dios, y eso trae paz y descanso y quietud".

"Por cuanto los designios de la carne son enemistad contra Dios; porque no se sujetan a la ley de Dios, ni tampoco pueden" (Romanos 8:7), ya sea la ley de los Diez Mandamientos o la ley del nuevo pacto.

"Y los que viven según la carne no pueden agradar a Dios" (Romanos 8:8). Ahora observe el versículo 9: *"Mas vosotros no vivís según la carne, sino según el Espíritu* [es decir, su espíritu recreado], *si es que el Espíritu de Dios* [es decir, el Espíritu Santo] *mora en vosotros. Y si alguno no tiene el Espíritu de Cristo, no es de él"*. Eso no se refiere al Espíritu Santo. Una traducción mejor sería: "Si algún hombre no tiene un espíritu como el de Cristo (es decir, un espíritu recreado), no es de Él".

Muchos de nuestros comentaristas nos han dado un concepto erróneo de eso. Han sugerido que si algún hombre no tiene al Espíritu Santo, no es cristiano, pero eso no es cierto.

Un hombre puede ser un hijo de Dios, recibir vida eterna, y a la vez no haber recibido al Espíritu Santo, porque se acordará que Lucas 11:13 pregunta: *"¿Cuánto más vuestro Padre celestial dará el Espíritu Santo a los que se lo pidan?"*.

Solo los hijos pueden pedir el Espíritu.

En Hechos 8, tras la predicación de Felipe, muchos se habían vuelto al Señor en Samaria y habían sido bautizados.

Cuando los apóstoles que estaban en Jerusalén oyeron que Samaria había recibido la palabra de Dios, enviaron allá a Pedro y a Juan; los cuales, habiendo venido, oraron por ellos para que recibiesen el Espíritu Santo; porque aún no había descendido sobre ninguno de ellos, sino que solamente habían sido bautizados en el nombre de Jesús. (Hechos 8:14–16)

Ellos habían recibido vida eterna.

Después los discípulos impusieron manos sobre ellos y recibieron el Espíritu Santo.

Cuando Pablo llegó a Éfeso (véase Hechos 19:1–7), les preguntó: "¿*Recibisteis el Espíritu Santo cuando creísteis?*" (Hechos 19:2).

La implicación es sencilla, que no todos los creyentes tienen al Espíritu Santo. Si así fuera, habría diferentes tipos de creyentes, porque cuando un hombre recibe el Espíritu Santo, tiene un Maestro en él que puede revelar la Palabra y edificar en el él una espiritualidad como la de Dios que le hará ser una bendición para los que le rodean.

Regrese a Romanos 8:10: "*Pero si Cristo está en vosotros, el cuerpo en verdad está muerto a causa del pecado, mas el espíritu vive a causa de la justicia*".

Observe ahora, que después que Cristo está en usted, los sentimientos han perdido su dominio sobre usted, porque cuando usted se convierte en una nueva creación, los sentimientos dejan de ser su amo.

Su espíritu ha recibido vida eterna y se ha convertido en la justicia de Dios.

El pecado ahora ya no puede gobernar sus sentidos.

> *Y si el Espíritu de aquel que levantó de los muertos a Jesús mora en vosotros* [este es el Espíritu Santo de quien está hablando], *el que levantó de los muertos a Cristo Jesús vivificará* [esta palabra es zoe, la naturaleza de Dios] *también vuestros cuerpos mortales por su Espíritu que mora en vosotros.* (Romanos 8:11)

Él le ha dado al espíritu de esa persona vida eterna y le ha hecho una nueva creación.

Ahora, la promesa que hizo Jesús: "*El ladrón no viene sino para hurtar y matar y destruir; yo he venido para que tengan vida, y para que la tengan en abundancia*" (Juan 10:10), se está cumpliendo.

El Espíritu Santo ha llegado al cuerpo del hombre y está derramando una vida abundante en su cuerpo mortal, llevando salud, fortaleza y vigor al mismo.

Ahora observe este hecho: la nueva ley no puede gobernar espiritualmente a los hombres muertos así como los Diez Mandamientos no pueden gobernar al hombre espiritualmente vivo.

La primera ley pertenecía a la vieja creación.

La nueva ley pertenece a la nueva creación.

Esta nueva ley del amor debe gobernar nuestra vida diaria, nuestra empresa, nuestro hogar.

Debe gobernar la iglesia.

Debe gobernar nuestra vida social.

Esta nueva ley es imposible para el hombre natural como la ley mosaica no es natural ni normal para la nueva creación.

El judío bajo el primer pacto no podía cumplir la ley del nuevo pacto.

Así que vemos claramente que los Diez Mandamientos son para el hombre natural. El nuevo mandamiento de Jesús era para el hombre que es nueva creación.

La ley del amor debe gobernar a una nueva creación de amor.

Sería tan absurdo que los ciudadanos de los Estados Unidos de América adoptaran las leyes de Japón e intentaran aplicárselas, como que los gentiles hoy adoptaran los Diez Mandamientos e intentaran conseguir que Dios les poseyera como poseía a los judíos bajo el primer pacto.

Este es un hecho: el primer pacto con sus mandamientos nunca se le dio a una nación salvo a los israelitas.

Solo Israel poseía todo ello. Que un gentil hoy se llame cristiano e intente vivir bajo el pacto abrahámico y la ley mosaica, es el esfuerzo más absurdo que se podría hacer.

Solo los hombres espiritualmente muertos intentarían eso.

Capítulo 11

LA MENTE RENOVADA

Nunca ha existido tanta enseñanza respecto a la necesidad de una mente renovada.

Hemos subrayado la necesidad de ser convertidos, de nacer de nuevo, pero hemos dejado al convertido colgado en el aire, por así decirlo.

Un gran entusiasmo y gozo llegan en el nuevo nacimiento, pero a menos que eso se cuide y se alimente mediante la renovación de la mente al llenarse de la Palabra y practicarla, ese gozo morirá.

Cuando nacemos de nuevo, nuestro espíritu es recreado.

Recibe la naturaleza y la vida del Padre, pero la mente que ha mantenido su espíritu en cautividad es la misma mente antigua.

Recibe un potente ímpetu cuando el espíritu recibe vida eterna, pero eso es todo.

Usted entiende que todo el conocimiento que tenía la mente proviene de los sentidos, y los sentidos nunca pueden ser renovados.

Son parte del cuerpo físico.

Pueden llevarse a sujeción; pueden ser controlados, pero no pueden ser renovados.

El espíritu es recreado, pero la mente, este cerebro nuestro que recibe su conocimiento de los cinco sentidos, puede llevarse a sujeción a la Palabra.

Yo he llegado al convencimiento de que se puede purificar meditando en la Palabra.

No me refiero a purificarlo como la sangre de Cristo nos ha limpiado, pero me refiero a que elimina gran parte de las cosas que no son ni necesarias ni sabias.

En sí mismo puede que no sea dañino, pero no es necesario. Requiere tiempo.

La mente de manera lenta pero segura según se alimenta de la Palabra, medita en la Palabra, practica y vive la Palabra, entra en la comunión del espíritu recreado.

En Romanos 12:1 tenemos uno de los versículos más importantes con respecto al cuerpo físico y su proceso de pensamiento: "*Así que, hermanos, os ruego por las misericordias de Dios, que presentéis vuestros cuerpos en sacrificio vivo, santo, agradable a Dios, que es vuestro culto racional*".

Observe ahora con mucha atención. Le está pidiendo aquí que presente su cuerpo que tiene los cinco sentidos. Ellos son las partes más importantes del cuerpo: la parte de ver, la parte de oír, la parte de sentir y las partes de probar y oler.

Estos son los cinco canales para el cerebro por los que viajan todos los impulsos que han enseñado al cerebro todo lo que conoce.

Ahora Él dice: quiero que des este hogar de sus cinco sentidos al Señor. Quiero que pongas ese cuerpo tuyo, por así decirlo, sobre el altar.

Como el judío ponía un sacrificio muerto sobre el altar, usted debe poner su cuerpo vivo sobre el altar en el sentido de que lo está dedicando, entregando al señorío de la Palabra.

Después dice: "*No os conforméis a este siglo, sino transformaos por medio de la renovación de vuestro entendimiento, para que comprobéis cuál sea la buena voluntad de Dios, agradable y perfecta*".

Su mente ha sido moldeada según las cosas de este mundo. Los ideales del mundo probablemente han sido suyos.

Ahora su mente debe situarse bajo el dominio de su espíritu recreado mediante la Palabra.

Su mente debe reconocer el triple señorío mediante su espíritu recreado: el señorío de la Palabra, el señorío de Jesús y el señorío del amor.

Quizá sea difícil para su mente asimilar esto; permitir que el amor se convierta en una parte de usted mismo: permitir que la Palabra domine completamente; reconocer el señorío de amor de Jesús.

Sé lo difícil que es esto, pero debe suceder o de lo contrario el creyente vivirá en la frontera entre lo correcto y lo incorrecto, sin saber nunca si esto está mal, o si aquello está mal.

Estará preguntando a sus amigos: "¿Está mal hacer esto? ¿Debería hacer aquello?".

La razón es que su mente nunca ha sido renovada y está viviendo en la frontera en una especie de oscuridad semiespiritual.

Pero cuando su mente es renovada, llegará a conocer la voluntad del Padre. Caminará en la luz de la Palabra.

Llegará a conocer esa triple voluntad: lo bueno, y lo aceptable, y la perfecta voluntad del Padre.

Estará afirmando la voluntad más alta del Padre.

No estará satisfecho con "lo aceptable y bueno", sino que querrá lo perfecto y la voluntad agradable del Padre.

En Juan 8:29 Jesús dijo: *"Porque yo hago siempre lo que le agrada [a mi Padre]"*.

Esta nueva creación anhela este tipo de vida.

Su espíritu está esforzándose, a veces realmente agonizando en él por convertirse en agradable para el Padre.

En Colosenses 3:5–10 Él está revelando las obras internas de los sentidos y su control de la mente. Léalo con cuidado.

Él dice: *"Cosas por las cuales la ira de Dios viene sobre los hijos de desobediencia"* (Colosenses 3:6).

Él muestra la inmundicia de la mente natural que está dominada por los sentidos.

En el versículo 9 Él le está hablando a usted. Él dijo: no quiero que se mientan más unos a otros, ya que se han despojado del viejo hombre con sus obras.

Como ve, usted es una nueva criatura y se vistió del nuevo hombre, el cual está siendo renovado en conocimiento según la imagen de Aquel que le creó.

Este es un mensaje principalmente para el nuevo convertido.

Los creyentes de tiempo ya han hecho esto.

Él quiere que el nuevo hombre llegue a la perfecta armonía con sus facultades de pensamiento, y eso no puede ser hasta que su mente sea renovada, hasta que reconozca su posición en Cristo.

Usted observará que dijo: *"Y revestido del nuevo, el cual conforme a la imagen del que lo creó se va renovando hasta el conocimiento pleno"* (Colosenses 3:10).

Eso será conocimiento de revelación.

Conocerá sus responsabilidades y su capacidad para cumplirlas. Verá, el hombre de poca fe es casi invariablemente un hombre cuya mente aún no ha sido renovada.

Si encuentra un creyente que no camina en amor, es porque su mente aún no ha sido renovada.

Su mente no puede ser renovada simplemente estudiando la Biblia. Tendrá que vivirla. Tiene que convertirse en parte de su mente.

Muchos de nuestros maestros de la Biblia nunca han visto esto, y sus sentidos gobiernan su mente.

Eso significa que sus sentidos gobiernan su enseñanza; que su espíritu recreado tiene un lugar muy pequeño en sus vidas: *"Por tanto, no desmayamos; antes aunque este nuestro hombre exterior se va desgastando, el interior no obstante se renueva de día en día"* (2 Corintios 4:16).

El hombre interior es su espíritu que se alimenta de la Palabra, que está siendo renovado continuamente.

Su mente debería alimentarse también de la Palabra.

Debería haber meditación en la Palabra.

Recuerda en Josué 1:8 que Jehová le dijo que tenía que meditar en la Palabra, *"de día y de noche meditarás en él, para que guardes y hagas conforme a todo lo que en él está escrito; porque entonces harás prosperar tu camino, y todo te saldrá bien"*. La misma regla que Dios dejó para Josué debería gobernar a la nueva creación, este nuevo hombre que tiene la mente de Cristo.

Otro versículo que podría ayudarnos un poco es Efesios 2:10: *"Porque somos hechura suya, creados en Cristo Jesús para buenas obras, las cuales Dios preparó de antemano para que anduviésemos en ellas"*.

Él le ha preparado para caminar en su voluntad.

Su capacidad le ha sido dada a usted.

Su fortaleza está a su disposición.

Las buenas obras que Él pudiera querer que usted hiciera están dentro de su capacidad, es decir, la capacidad que Él le ha dado. Él espera que usted ore por los enfermos.

Usted enseñará la Palabra; dará testimonio a los no creyentes; caminará en amor, y caminará en la luz de la Palabra y será una bendición para quienes le rodean, porque su mente ahora está en perfecta armonía con el espíritu recreado.

El nuevo mandamiento *"que os améis unos a otros"* (Juan 13:34) se ha convertido en la vida central de su conducta.

Capítulo 12

DIOS REPRODUCIÉNDOSE EN NOSOTROS

Cada verdadero padre desea reproducirse en su hijo. El sueño del Padre es reproducirse en nosotros.

Usted entiende que la nueva creación ha recibido la naturaleza y la vida del Padre.

Invitamos al Espíritu Santo, que nos ha impartido esta naturaleza del Padre, a venir a nuestro cuerpo y hacer su hogar en nosotros, y después cuando comenzamos a alimentarnos de la Palabra, practicar la Palabra, vivir la Palabra, Él edifica esa Palabra en nosotros.

La verdadera genialidad del cristianismo es la capacidad de Dios de edificarse en nosotros a través de la Palabra, para que en nuestro caminar diario vivamos como el Maestro.

"Sed, pues, imitadores de Dios como hijos amados. Y andad en amor, como también Cristo nos amó, y se entregó a sí mismo por nosotros" (Efesios 5:1–2). Como hijos de amor, debemos caminar en amor como Cristo caminó en amor hacia el mundo.

El Padre amó tanto al mundo que dio a su Hijo.

Jesús amó tanto al mundo que se dio a sí mismo.

Ahora yo amo tanto al mundo que me doy.

No permito que mi corazón se amargue, por mucha que pueda ser la crítica o la persecución.

Siempre que tiendo a decir: "Bueno, estoy perdiendo mi tiempo con ellos", me acuerdo de Pablo y Silas en Filipos. Ellos habían sido arrestados. Habían sido azotados hasta que sus espaldas se abrieron derramando sangre, después les pusieron en una prisión con sus manos y sus pies encadenados.

En medio de esa agonía, esa angustia física, oraban y cantaban alabanzas.

Conmovieron tanto el cielo, que el Padre tuvo que abrir la cárcel; y cuando el terremoto había asustado tanto al carcelero que gritó de angustia y temor, Pablo le predicó con esa espalda ensangrentada, y el carcelero encontró a Jesús.

Después lavó las espaldas de Pablo y de Silas, y una iglesia se formó en la casa del carcelero.

Si Pablo hubiera tenido otro espíritu nunca habría podido hacer eso, pero él era como su Maestro.

Se entregó al dominio, al señorío del amor.

El Padre quiere reproducirse en nosotros.

"Hijitos míos, por quienes vuelvo a sufrir dolores de parto, hasta que Cristo sea formado en vosotros" (Gálatas 4:19). El proceso de edificar a Cristo en uno mismo puede ser muy lento, pero saca de nosotros a hombres y mujeres como Jesús.

Somos creados en Cristo Jesús. Somos su creación; y hasta que Cristo sea formado en nosotros, el mundo no puede ver nada sino religión en nosotros.

"Porque Dios es el que en vosotros produce así el querer como el hacer, por su buena voluntad" (Filipenses 2:13). El Padre está edificando su vida de amor, su justicia, su fortaleza y su sabiduría en nuestro espíritu.

Hace años cuando era el director de la escuela en el este, después de una campaña evangelística invariablemente les preguntaba a algunos de los maestros: "¿He crecido desde la última vez que me vieron? ¿Pueden ver algún rasgo de crecimiento en mi vida espiritual?".

Tenía mucho miedo de que pasasen uno o dos meses y no hubiera crecido en Cristo y en el conocimiento de la Palabra.

"Antes bien, creced en la gracia y el conocimiento de nuestro Señor y Salvador Jesucristo" (2 Pedro 3:18). Gracia significa amor en funcionamiento. La palabra griega significa "dones de amor". El Espíritu anhela que crezcamos en esta vida de amor; tener la naturaleza de amor de Jesús demostrada en nuestro caminar diario.

Estoy convencido, sin lugar a duda, de que solo cuando cedemos al señorío del amor, es cuando Él puede formarse en nosotros.

No es el conocimiento de las Escrituras. Se puede tener un gran conocimiento de la Palabra, pero no se trata de eso.

Es la Palabra que es edificada en mí y que se convierte en parte de mí lo que cuenta.

A medida que estudie la revelación paulina, se convencerá más de que el propósito final de cada una de esas epístolas es la edificación de la vida de Jesús en el individuo.

Su plan para edificarse en nosotros es notable.

Debemos ocupar el lugar de Jesús. Debemos aprender a actuar en su lugar. Debe haber el entrenamiento consciente de nuestro espíritu para ser sus verdaderos representantes.

Colosenses nos da una indicación de la pasión del Padre para darse a conocer a nosotros de una manera tan real, que podamos entrar en todas las riquezas de la plenitud de su vida que nos pertenecen.

Esta es una oración del Espíritu a través de los labios de Pablo:

Por lo cual también nosotros, desde el día que lo oímos, no cesamos de orar por vosotros, y de pedir que seáis llenos del conocimiento de su voluntad en toda sabiduría e inteligencia espiritual. (Colosenses 1:9)

La palabra *"conocimiento"* en el griego es *epignosis*. Significa pleno conocimiento, conocimiento completo, conocimiento exacto.

Deberíamos tener ese tipo de conocimiento, porque está en esta revelación.

Tenemos al Espíritu Santo que lo inspiró como nuestro maestro.

Él nunca ha abandonado su posición como instructor. Él está aquí en mi corazón y en el de usted, y anhela llenarnos con el conocimiento exacto de la voluntad del Padre en toda sabiduría e inteligencia espiritual.

Será sabiduría para usar el conocimiento de esta revelación en nuestro caminar diario.

Será sabiduría para conocer cómo usar tanto las declaraciones de hechos como las promesas en los Evangelios.

Será sabiduría para saber cómo dar a conocer este mensaje de una manera atractiva.

Debemos tener *"conocimiento de su voluntad en toda sabiduría e inteligencia espiritual"*, una visión más profunda del corazón del Padre.

Primera de Corintios 2:9 puede arrojar algo de luz en esto: *"Cosas que ojo no vio, ni oído oyó, ni han subido en corazón de hombre, son las que Dios ha preparado para los que le aman".*

Estas se nos han revelado hoy en esta revelación mediante el Espíritu, porque el Espíritu Santo es capaz de escudriñar todas las cosas, sí, las cosas profundas de Dios, y nuestro espíritu recreado es capaz de seguir al Espíritu Santo en esta búsqueda de las riquezas de su gracia.

La mayoría de estas riquezas están en la revelación paulina.

En Efesios 3:8 tenemos un destello de donde Pablo dijo: *"A mí, que soy menos que el más pequeño de todos los santos, me fue dada esta gracia de anunciar entre los gentiles el evangelio de las inescrutables riquezas de Cristo".*

Estas inescrutables riquezas nos pertenecen, pero, como las perlas, tenemos que buscarlas. *"Porque ¿quién de los hombres sabe las cosas del hombre, sino el espíritu del hombre que está en él? Así tampoco nadie conoció las cosas de Dios, sino el Espíritu de Dios"* (1 Corintios 2:11).

Ahora observe cuidadosamente el siguiente versículo: *"Y nosotros no hemos recibido el espíritu del mundo, sino el Espíritu que proviene de Dios, para que sepamos lo que Dios nos ha concedido"* (1 Corintios 2:12).

Estamos aprendiendo a entender esta verdad exacta con la ayuda del Espíritu.

Encontramos que en Colosenses 1:9–10 este conocimiento de su voluntad en toda sabiduría e inteligencia espiritual es para capacitarnos para caminar dignos del Señor en toda cosa agradable.

Nuestro caminar es delante del mundo.

Podríamos decir que es un doble caminar. Una fase del mismo es delante de Dios, y la otra es delante del mundo.

Yo tengo que caminar digno del Señor delante de los hombres para que ellos reconozcan esta nueva vida en mí.

Estoy tan "En Jesusado" (su existiera esta palabra), que ellos serán conscientes de Jesús en mi presencia.

Conocí a una mujer que encontró a Cristo a través de mi ministerio radial. Su esposo era un hombre pagano y ella había sido una compañía idónea para su mundanalidad, pero ahora había encontrado a Cristo.

Siguió durante varias semanas hasta que finalmente una mañana antes de ir a trabajar, él dijo: "¿Sabes, mujer, que he estado viviendo y durmiendo y comiendo con Jesucristo durante las dos últimas semanas?".

Era una mujer muy despierta, y dijo: "¿Te ha gustado?".

Las lágrimas llenaron sus ojos. Él dijo: "Desearía ser así. Desearía haber tenido ese algo que hay en tu vida".

Verá, Jesús había vivido tanto en ella, que el hombre podía sentir la presencia del Maestro en ella.

Dos hombres jóvenes estaban trabajando en una tienda. Uno de ellos estudiaba la Palabra en nuestras clases. El compañero que trabajaba en un torno a su lado le dijo una mañana: "Harry, me gustaría preguntarte algo que es personal. ¿Qué tienes en tu vida que te hace ser tan distinto a todos los demás hombres que hay en esta sala?".

El chico respondió: "Jesús". "Oh", dijo, "eso es religión; no me lo creo". Y el joven le dijo: "No es religión, es el Cristo vivo".

Cristo glorificado en mi cuerpo, dijo Pablo; Cristo hecho grande en mi caminar diario.

En Filipenses 1:21 dijo: *"Para mí el vivir es Cristo"*.

De nuevo, esas palabras ardieron en mi corazón durante meses.

El Maestro me estaba diciendo: "Quiero ser glorificado en ti. Quiero absorber tu personalidad. Quiero tomar posesión de tus sueños y ambiciones. Quiero el primer lugar en tu vida".

Tenía miedo de Él. Dije en alta voz: "Señor, no me atrevo a dejar que tomes el control de mí porque si lo hago, nunca lograré las cosas que tanto anhelo".

Y nunca lo olvidaré, una voz en mi corazón me dijo: "Te amo más de lo que tú mismo te amas. Yo anhelo tu éxito más que tú. Yo tengo la capacidad de hacer que lo consigas".

Dije: "Señor, no me hagas predicar en las calles. Me enviarás a los suburbios. No quiero ir ahí. Señor".

Volví a pelear, pero Él fue tierno conmigo.

Su sabiduría fue muy obvia. A menudo, en mis situaciones extremas, Él me había ayudado.

Cuando volvía a estar en dificultades, Él me sacaba de ahí.

Un día dije: "Maestro, iré contigo. Aquí estoy; toma toda mi capacidad. Anula mi ambición con la tuya, pero que mi amor sea como tu amor. Ayúdame a vivir de tal forma que los hombres puedan verte en mí, sentirte, que cuando yo hable sea tu voz. Cuando imponga manos sobre los enfermos, serán tus manos".

Y luego oí un versículo en Gálatas 2:20: *"Con Cristo estoy juntamente crucificado, y ya no vivo yo, mas vive Cristo en mí; y lo que ahora vivo en la carne, lo vivo en la fe del Hijo de Dios, el cual me amó y se entregó a sí mismo por mí"*.

Después dije: Ahora Maestro, confío en ti y me entrego a ti.

Como ve, cuando vamos calladamente a la vida de nuestro corazón a ese lugar donde decimos "Sí" a Dios, entonces Él se revela en nosotros.

No nos obliga. No nos empuja. No nos fuerza con una enfermedad o la pérdida de la propiedad.

La enfermedad viene porque no somos conscientes de que Él puede protegernos.

Hemos seguido a nuestras inclinaciones.

Hemos ido en pos de nuestros propios deseos y nuestros planes se han agotado, razonados con el conocimiento de los sentidos.

Cómo le debe doler en el corazón cuando somos tan necios; cuando hacemos tantas cosas necias.

Cuando su sabiduría está a nuestra disposición, sus habilidades esperándonos, somos casi ilimitados.

Todo lo que Él es está a nuestra disposición, pero a veces elegimos un camino que lleva a dolores de cabeza y decepciones.

Ve, es esta formación de Cristo en nosotros. Ese es el secreto que es la genialidad de la nueva creación.

"De modo que si alguno está en Cristo, nueva criatura [creación] *es"* (2 Corintios 5:17). Es perfecto hasta ahora, pero Él quiere ser formado con más plenitud en esa nueva creación, y así Él toma las cosas de Cristo que se nos revelan en la Palabra, y el Espíritu las edifica en nosotros.

Admiramos la fortaleza y el valor de Jesús en su caminar terrenal. Nos emocionamos con la capacidad que Cristo manifestó cuando suplió cada situación difícil.

Su sabiduría, gentileza y paciencia, pudimos admirarlas, y ahora el Espíritu quiere tomar todas esas cosas que *hemos* admirado en Jesús y edificarlas en nosotros.

¿Puede ver lo que significa? Es la ambición el Padre hacernos más exitosos y capacitarnos para disfrutar las riquezas que nos pertenecen.

No sé si usted se ha dado cuenta o no, pero en una de las oraciones de la Biblia en Juan 16, Jesús dijo esto: *"En aquel día no me preguntaréis nada"* (versículo 23). Literalmente: "Y en ese día no oraréis a mí". *"De cierto, de cierto os digo, que todo cuanto pidiereis al Padre en mi nombre, os lo dará. Hasta ahora nada habéis pedido en mi nombre; pedid, y recibiréis, para que vuestro gozo sea cumplido"* (Juan 16:23–24).

El gozo es algo que viene al espíritu humano recreado. El hombre natural no lo tiene.

Oiga a Jesús hablando de nuevo en Juan 15:11: *"Estas cosas os he hablado, para que mi gozo esté en vosotros, y vuestro gozo sea cumplido".*

Ese es un milagro, que el gozo de Jesús sea cumplido en mí.

Que no solo le haré alegrarse, sino que Él me imparte su gozo.

Ese algo que hace que el evangelio sea irresistible, ahora llena mi corazón. Cuando hablo, mi rostro resplandecerá, mi voz se llenará de melodía del cielo.

Verá, cuando Él se edifica en nosotros y comenzamos a trabajar juntamente con Él, tenemos su vida, tenemos su amor, sí, le tenemos a Él mismo.

Cristo entonces está siendo formado en nosotros.

Ahora ya no se trata de mí, sino de Cristo.

Los hombres que han crecido mucho espiritualmente son los hombres en los que la Palabra ha tomado todo el control.

Juan 15:7 quizá arroje un poco de luz sobre esto: *"Si permanecéis en mí, y mis palabras permanecen en vosotros"*.

Cada creyente está en Cristo, pero sus palabras no están en todos los creyentes. ¿Qué significa tener sus palabras habitando en mí, obteniendo la total preferencia, dominándome en cada fase de mi pensamiento y mi vida?

Nos alimentamos de la Palabra de Dios. Ahora me estoy alimentando. Estoy viviendo en esa Palabra. Estoy practicándola. Soy lo que Santiago llama, un "hacedor de la Palabra". (Véase Santiago 1:22–23).

Jesús dijo que el hacedor de la Palabra profundiza y edifica su casa sobre la roca, y eso hizo que su casa soportase cualquier tormenta que pudiera golpear contra ella.

No solo dijo eso, sino que dijo: *"Si permanecéis en mí, y mis palabras permanecen en vosotros, pedid todo lo que queréis, y os será hecho"*, comenzará a existir. (Véase Juan 15:7).

Oh, ahora lo veo. Coopero con Él.

En Juan 15:5 Él dijo: *"Yo soy la vid, vosotros los pámpanos"*. Ahora puedo entenderlo.

Como pámpano, voy a dar su fruto. Estoy trabajando juntamente con Él. Él y yo estamos funcionando juntos, estamos identificados el uno con el otro.

Él está encontrando un lugar para que su capacidad me vigorice y actúe aquí en la tierra de nuevo.

Es como un hombre rico que encuentra a un joven inteligente que puede poner una empresa, y el joven tiene la capacidad de usar el dinero de este hombre rico.

Ahora Él y yo estamos trabajando juntos y el Padre es glorificado porque estoy dando mucho fruto, y demuestro mediante mi vida mi discipulado.

Demuestro que estoy creciendo en gracia, y estoy creciendo en ese conocimiento exacto de Dios, en toda sabiduría e inteligencia espiritual, hasta el final para que pueda andar digno del Señor para agradarle.

Estoy dando fruto ahora en toda buena obra, y estoy creciendo en ese conocimiento exacto, ese conocimiento perfecto del Padre.

Usted se ha dado cuenta en la vida de Jesús que siempre había un sentimiento de seguridad, un sentimiento de certeza. No había vacilación alguna.

Él nunca se detuvo y dijo: "Ahora oren para que tenga sabiduría". La tenía.

En nuestras vidas viene esa misma seguridad, una certeza de que conocemos la voluntad del Padre. Estamos caminando en ella.

Y somos fructíferos con su capacidad que está actuado en nosotros. Es según el poder de su gloria, y se nos ha dado firmeza y paciencia, con gozo.

"Dando gracias al Padre que nos hizo aptos para participar de la herencia de los santos en luz" (Colosenses 1:12). Este es un clímax del deseo del corazón del Padre, que deberíamos dejarle vivir tanto

su vida en nosotros, que comencemos a disfrutar de la parte de nuestra herencia en Cristo.

Estamos extrayendo dividendos de lo que Él ha hecho por nosotros y en nosotros. Estamos empezando a disfrutar las riquezas de su gracia.

Capítulo 13

LIMITANDO A DIOS EN NOSOTROS

El Espíritu hablando a través de Pablo en Filipenses 2:13 dice: *"Porque Dios es el que en vosotros produce así el querer como el hacer, por su buena voluntad"*.

Qué difícil ha sido para algunos de nosotros convertirnos en personas que piensan que Dios está en nuestro interior, recordarnos diariamente que le tenemos en nosotros, y que Él está ahí para edificar a Cristo en nosotros, para edificar la Palabra viva en nosotros.

Al igual que un albañil edifica una casa ladrillo a ladrillo, así el Espíritu Santo tomará verdad tras verdad y la edificará en nosotros hasta que nos convirtamos en personas que piensan en Jesús, controladas por el amor, que agradan al Padre.

Recordará que en Juan 8:29 Jesús dijo: *"Porque yo hago siempre lo que le agrada"*.

Durante años ese fue el lema de mi corazón.

Buscaba hacerle feliz.

Verá, Él ha hecho una obra perfecta por nosotros en la gran sustitución. No hay nada que se haya quedado sin hacer.

Si aceptamos esa obra y dejamos que Dios obre en nosotros, nos hace que agrademos al Padre.

Nos convertimos en hermosos para Él porque su naturaleza no solo se nos dio, sino que ahora Él ha edificado en nosotros mediante el Espíritu los nuevos hábitos que pertenecen a la familia de Dios, el nuevo lenguaje que pertenece a la nueva creación.

Nunca hablamos duda o temor, o enfermedad o carencia.

Casi se nos ha olvidado ese lenguaje.

Tenemos el nuevo lenguaje del vencedor; el lenguaje del hombre que está atado a Cristo.

Es el lenguaje de los pámpanos de la vid.

Esa "vida de la vid" se ha desarrollado tanto en nosotros que nos hemos convertido en hombres y mujeres de Jesús.

En nuestra asamblea en Seattle, hablamos de ellos como los hombres y mujeres de Jesús.

Tenemos hombres y mujeres de Jesús que salen al mundo, tocándolo, bendiciéndolo, iluminándolo con la vida de Cristo en ellos.

¿Por qué no se puede extender esto por la tierra hasta que surja una nueva raza de hombres conocidos como los amigos de Jesús?

Serán el amor en acción.

Vivirán en la Palabra y la Palabra vivirá en ellos.

Estarán haciendo las obras del Maestro.

Al igual que Jesús hizo sanidad física y ministró grandemente en la esfera del sentido, estos amigos de Jesús ministrarán principalmente en la esfera de lo espiritual.

"Y poderoso es Dios para hacer que abunde en vosotros toda gracia, a fin de que, teniendo siempre en todas las cosas todo lo suficiente, abundéis para toda buena obra" (2 Corintios 9:8). Qué lentos hemos sido a la hora de darnos cuenta de que fue la capacidad de Dios lo que pudo hacer que la gracia abundase en nosotros y a través nosotros, y que Él nos estaba proveyendo de una manera tan perfecta que no nos faltaba prácticamente de nada.

Él es nuestra suficiencia; Él es nuestra capacidad; Él es la fortaleza de nuestra vida.

Hemos ignorado el razonamiento de los sentidos y lo hemos desechado, y le hemos dado la preferencia a nuestros espíritus recreados y el primer lugar a la Palabra.

Observe los versículos 10–11:

Y el que da semilla al que siembra, y pan al que come, proveerá y multiplicará vuestra sementera, y aumentará los frutos de vuestra justicia, para que estéis enriquecidos en todo para toda liberalidad, la cual produce por medio de nosotros acción de gracias a Dios.

Ha habido poco dominio de los frutos de justicia.

Me han preguntado una y otra vez, ¿qué significa eso? (Significa ese mismo tipo de fruto que vimos en el ministerio público de Jesús).

Verá, justicia significa la capacidad para estar en la presencia del Padre sin el sentimiento de culpa, condenación o inferioridad. Significa poder estar en la presencia de Satanás y sus obras sin timidez ni temor, sin ningún sentido de inferioridad. Realmente, significa que usted es superior ahora a Satanás.

Tiene un complejo de superioridad en vez de un complejo de inferioridad. Usted ha llegado a confiar en la capacidad del Dios que está dentro de usted. Al fin ha llegado al lugar donde confía en Él. Usted planifica su trabajo con la idea de que Él está ahí para capacitarle para que lo logre.

No debemos omitir Efesios 1:19–20. Quiero que este versículo sea tan familiar para usted que sea una fuente constante de consuelo y fortaleza: "*Y cuál la supereminente grandeza de su poder para con nosotros los que creemos, según la operación del poder de su fuerza, la cual operó en Cristo, resucitándole de los muertos*".

Una traducción más literal sería: "Quiero que conozcan lo que la supereminente grandeza de la capacidad de Dios es para nosotros los que creemos. Esa capacidad es según la fortaleza de su fuerza, la cual actuó en Cristo cuando resucitó de los muertos".

Usted no puede sobreestimar esto.

Esto es Dios actuando dentro de usted.

Este es el que resucitó a Jesús de los muertos.

Este es el que le recreó.

Este es el Espíritu que tiene toda la capacidad de la divinidad que es necesaria para que usted disfrute; así que usted no tiene miedo del enemigo en ningún campo.

Usted sabe que Él sometió todas las cosas bajo sus pies, y le hizo ser cabeza sobre todas las cosas para beneficio de la iglesia.

Recuerde, este es Aquel que está obrando dentro de usted.

Tome Efesios 3:20: "*Y a Aquel que es poderoso para hacer todas las cosas mucho más abundantemente de lo que pedimos o entendemos, según el poder que actúa en nosotros*".

Cuando se entiende este versículo, se pone en práctica diariamente, usted puede saber que ha llegado.

Al menos es un digno miembro de la Vid. Usted está llevando fruto para su gloria.

En mis notas he escrito esto: ser consciente de que Dios está dentro de mí, saber que el que tiene toda la sabiduría está ahora en mí.

Que el Dios de toda capacidad está en mí ahora.

Que el Dios de todo amor está en mí ahora.

Que Dios y yo estamos unidos para siempre, trabajando juntos con Él.

Nos estamos haciendo uno en nuestros pensamientos y en nuestras acciones.

Él y yo estamos trabajando juntos para llevar a cabo el gran sueño de la gracia.

El Dios de toda gracia vive en mí, y por eso lo digo una y otra vez: "Dios, mi Padre, en la persona del Espíritu Santo, mediante la Palabra viva, está viviendo en mí".

Ahora todo lo puedo en Él, porque se ha convertido en mi fortaleza y mi capacidad.

El ilimitado está en mí.

El Dios de amor vive en mí.

Al fin soy consciente de que Dios está en mí.

Primera de Juan 4:4 no es solo un versículo, sino una realidad viva: "*Hijitos, vosotros sois de Dios, y los habéis vencido; porque mayor es el que está en vosotros, que el que está en el mundo*".

El Dios de vida abundante está en mí.

Ya no está conmigo para convencerme, sino que está en mí para guiarme a todas las realidades de su poderoso ministerio.

Ahora puedo entender lo que Pablo quiso decir cuando dijo en 1 Corintios 3:9: "*Porque nosotros somos colaboradores de Dios, y vosotros sois labranza de Dios, edificio de Dios*".

Sé lo que significa ahora ser un colaborador.

Sé lo que significa ser obra labrada por Dios.

Mi corazón y mi vida son el terreno donde Él siembra semillas de amor y están creciendo ahora en mí.

Soy parte del sueño y el plan de Dios.

Estoy empezando a apreciar lo que significa tener una comunión real e íntima con Él.

Capítulo 14

LO QUE NOS ATREVEMOS A CONFESAR SOBRE NOSOTROS MISMOS

Quizá nunca hemos profundizado en nuestro propio pensamiento, en nuestra propia conciencia interior, lo que realmente somos en Cristo; lo que significa tener a Jesús como el Señor de nuestras vidas. Leemos en las epístolas de Pablo o Juan lo que dicen al respecto.

Juan dijo: *"Amados, ahora somos hijos de Dios"* (1 Juan 3:2).

De nuevo: *"Porque todo lo que es nacido de Dios vence al mundo"* (1 Juan 5:4).

Nunca hemos asociado eso con nosotros.

Nunca hemos dicho seriamente: "Bueno, Juan está hablando de mí ahora". O, "Pablo me está describiendo".

Usted sabe que esta revelación paulina es como un álbum familiar. Escogemos y miramos la primera foto que nos tomaron cuando éramos un bebé.

Paso la página y veo otra foto.

Han pasado meses desde la primera que se puso en el álbum, y veo que alguien ha escrito debajo: "Cuando a estas alturas debían ya ser maestros, veo que ahora necesitan que alguien les enseñe los primeros principios de los rudimentos de Cristo; aún han de ser alimentados con leche y no con comida sólida".

Y observo algo más: Él llama mi atención al hecho de que nunca le he sacado partido a mi Justicia".

He vivido como un "mero hombre", cuando en realidad era un participante de la naturaleza divina.

Recuerdo que todos estos meses había tenido miedo a reconocer que era cristiano.

No había ocupado mi posición.

Mi confesión había sido muy incierta, indefinida. ¿Por qué? Porque no había estudiado cómo mostrarme aprobado ante Dios. No había vivido la Palabra.

No había practicado la Palabra, y no me atrevía a confesar que yo era lo que la Palabra decía que era.

La Palabra dice que soy redimido: *"En quien tenemos redención"* (Efesios 1:7).

Pero no tengo ninguna sensación de tener redención. Satanás gobierna sobre mí. Vivo en gran parte como los demás.

Voy a los mismos sitios que van ellos.

Escucho sus historias y hablo.

Voy a la iglesia, y cuando predican un mensaje que en verdad toca el corazón y hacen un llamado al altar, normalmente voy al altar.

Lloro un poco y me apeno mucho por no haberlo hecho mejor, pero salgo y regreso a mi vida de siempre.

Ah sí, tengo vida eterna, eso lo sé.

Recuerdo hace mucho tiempo cuando una noche Dios me dio vida eterna y durante unos meses viví en el cielo. Tuve una victoria maravillosa y llevé a varias personas a Cristo.

Después algo ocurrió y la oscuridad descendió sobre mi vida, y desde entonces nunca he vuelto a caminar en la luz. No supe cómo hacerlo.

Desearía haber sabido cómo regresar a ese antiguo gozo que una vez tuve.

Y luego alguien me susurra y me dice: "¿No has leído 1 Juan 1:9: *'Si confesamos nuestros pecados, él es fiel y justo para perdonar nuestros pecados, y limpiarnos de toda maldad'?*".

Yo respondo: "Sí, conozco ese versículo. Lo he hecho una y otra vez, pero no encuentro el alivio".

Pero la misma voz me vuelve a susurrar: "Léelo otra vez. *'Si confesamos nuestros pecados'.* ¿Lo hiciste?".

"Sí".

"¿Qué dice después?".

"*Él es fiel y justo para perdonar nuestros pecados*".

Bueno, si le has pedido perdón, ¿no crees que Él es lo suficientemente fiel y justo para hacer que su Palabra se cumpla para ti?

Espero un momento y vuelvo a mirar la Palabra y a leer el versículo una vez más: "*Fiel y justo para perdonar nuestros pecados*", y mi corazón salta de gozo.

¿Por qué? ¡Él me ha perdonado! La comunión perdida está restaurada.

Ahora lo veo. He vivido en oscuridad todos estos meses, cuando podía haber caminado en la luz como Él está en la luz. Podía haber tenido comunión con los hermanos, y comunión con el cielo, y no lo sabía.

Pero ahora lo sé, y delante del mundo confieso que estoy caminando en la luz.

Confieso que Dios es mi Padre y que yo soy su hijo; que formo parte de su familia.

El dominio de Satanás sobre mí se ha roto, y ahora tengo en mí la misma naturaleza y vida del Hijo de Dios. Él me la *dio*.

Soy participante de la naturaleza divina.

He pasado de muerte a vida.

Sé que soy un hijo de Dios, y si soy un hijo, entonces soy un heredero y coheredero con Cristo.

Si eso es cierto, entonces tengo un lugar con el Padre como lo tuvo el Maestro, porque Él se ha convertido en mi patrocinador. Él es mi Salvador y mi Señor.

Ahora lo veo. Él me ha hecho ser su justicia, y ahora puedo estar en presencia del Padre como lo hice en esos primeros días alegres cuando le acepté.

Ahora tengo derecho a pedirle que venga a mi cuerpo y haga de él su hogar.

Recuerdo que Él dijo: *"El que me ama, mi palabra guardará; y mi Padre le amará, y vendremos a él, y haremos morada con él"* (Juan 14:23).

Me pregunto si eso no significa que él vendrá y vivirá en mí. ¿No sería maravilloso si Él viviera en mi cuerpo, para que dondequiera que yo fuera Él estuviera ahí conmigo? Él estaría en mí.

Entonces Isaías 41:10 se convierte en una realidad: *"No temas, porque yo estoy contigo; no desmayes, porque yo soy tu Dios que te esfuerzo; siempre te ayudaré, siempre te sustentaré con la diestra de mi justicia"*.

Esto es mío, todo *mío*, y me atrevo a confesarlo delante del mundo. Cosa maravillosa, ¿no cree?

Romanos 8:11, por fin, es real: *"Y si el Espíritu de aquel que levantó de los muertos a Jesús mora en vosotros, el que levantó de los muertos a Cristo Jesús vivificará también vuestros cuerpos mortales por su Espíritu que mora en vosotros".*

Sí, vivificará su cuerpo; lo sanará si está enfermo; lo hará fuerte si está débil; y derramará en su espíritu la conciencia de un vencedor, el sentimiento de un vencedor.

Hebreos 13:20–21 entonces se convierte en una realidad viva:

Y el Dios de paz que resucitó de los muertos a nuestro Señor Jesucristo, el gran pastor de las ovejas, por la sangre del pacto eterno, os haga aptos en toda obra buena para que hagáis su voluntad, haciendo él en vosotros lo que es agradable delante de él.

Qué gráficamente real puede ser esto para el corazón, y todo sucede cuando uno se atreve a confesar lo que él es en Cristo; y más que eso: confesarlo ante cualquier cosa.

Capítulo 15

LO QUE SIGNIFICA ARREPENTIMIENTO

El problema del arrepentimiento ante la predicación moderna es serio.

El significado de la palabra que usó Pedro el día de Pentecostés: *"Arrepentíos, y bautícese cada uno de vosotros en el nombre de Jesucristo para perdón de los pecados; y recibiréis el don del Espíritu Santo"* (Hechos 2:38).

La palabra griega para *"arrepentíos"* significa un "cambio de principio y práctica", "un cambio mental de actitudes". Otro, "un cambio de mente", "un cambio en la manera de pensar de uno o de la conducta de uno". Tenga frescas estas definiciones en su mente mientras estudiamos la Palabra.

Será necesario que primero nos demos cuenta de la actual condición del hombre natural.

La condición real del hombre natural

Pero el hombre natural no percibe las cosas que son del Espíritu de Dios, porque para él son locura, y no las puede entender, porque se han de discernir espiritualmente.

(1 Corintios 2:14)

¿Por qué es imposible que el hombre natural entienda las cosas de Dios?

Efesios 2:1–3 nos dará una sugerencia:

> *Y él os dio vida a vosotros, cuando estabais muertos en vuestros delitos y pecados, en los cuales anduvisteis en otro tiempo, siguiendo la corriente de este mundo, conforme al príncipe de la potestad del aire, el espíritu que ahora opera en los hijos de desobediencia, entre los cuales también todos nosotros vivimos en otro tiempo en los deseos de nuestra carne, haciendo la voluntad de la carne y de los pensamientos, y éramos por naturaleza hijos de ira, lo mismo que los demás.*

Ahora lo observaremos con más detalle mientras continuamos. Aquí encontramos primero, que el hombre natural está muerto en sus delitos y pecados. ¿Qué significa eso?

Quizá podríamos encontrar una sugerencia en Juan 5:24: "*De cierto, de cierto os digo: El que oye mi palabra, y cree al que me envió, tiene vida eterna; y no vendrá a condenación, mas ha pasado de muerte a vida*".

¿A qué se refiere con la palabra "*muerte*"?

Hay dos tipos de muerte mencionados en la Palabra: muerte física y muerte espiritual.

La muerte espiritual es la naturaleza de Satanás, así como la vida espiritual es la naturaleza del Padre.

Primera de Juan 3:14–15 arrojará más luz sobre esto:

> *Nosotros sabemos que hemos pasado de muerte a vida, en que amamos a los hermanos. El que no ama a su hermano, permanece en muerte. Todo aquel que aborrece a su hermano es homicida; y sabéis que ningún homicida tiene vida eterna permanente en él.*

Aquí tenemos el contraste de muerte y vida. La vida es la naturaleza del Padre; la muerte es la naturaleza del enemigo, porque el hombre natural está espiritualmente muerto.

Él es participante de la naturaleza satánica que le fue dada en el huerto, y a lo largo de los siglos la muerte espiritual ha dominado al hombre.

Si desea ver un detallado contraste, lea Romanos 5:17: *"Pues si por la transgresión de uno solo reinó la muerte, mucho más reinarán en vida por uno solo, Jesucristo, los que reciben la abundancia de la gracia y del don de la justicia".*

La muerte espiritual se apoderó de la soberanía sobre la raza humana en el huerto y el hombre trabajó como esclavo bajo su dominio.

Pablo nos revela, en Romanos 5:12-21, todo el drama de la muerte espiritual. *"Por tanto, como el pecado entró en el mundo por un hombre, y por el pecado la muerte, así la muerte pasó a todos los hombres, por cuanto todos pecaron"* (Romanos 5:12).

Después, Romanos 5:14: *"No obstante, reinó la muerte desde Adán hasta Moisés, aun en los que no pecaron a la manera de la transgresión de Adán".*

¿Qué quiere decir? ¿Qué la muerte física *"pasó a todos los hombres"*? No, la muerte espiritual.

Esta había reinado sin interferencias hasta que llegó Moisés.

¿Qué dio Moisés? Moisés nos dio la expiación en la sangre de toros y machos cabríos.

Expiación significa cubrir.

Él tomó un traje de vida animal y lo extendió sobre el Israel espiritualmente muerto. Ese traje de sangre cubrió la ley quebrantada y el sacerdocio.

La muerte espiritual perdió su soberanía completa mientras Israel caminó en el primer pacto, pero cuando llegó Jesús, el combate fue entre la vida y la muerte. No le ocurrió a la vida física ni a la muerte física, pero la nueva clase de vida que Jesús trajo estaba en guerra con la muerte espiritual.

En Juan 10:10 él dice: "*Yo he venido para que tengan vida, y para que la tengan en abundancia*".

La palabra griega traducida como "*vida*" es *zoe*, que significa la naturaleza de Dios, la sustancia de Dios, la esencia de Dios, así como la muerte espiritual significa la sustancia de Satanás, la esencia de Satanás.

De la vida eterna han surgido todas las hermosas gracias que adornan una vida cristiana.

De la muerte espiritual, el plan de pecado del huerto, han salido todos los pecados que se hayan cometido jamás.

El hombre está unido a Satanás espiritualmente.

Quizá las palabras más dolorosas que Jesús pronunció jamás a los judíos, se narran en Juan 8:44–45:

Vosotros sois de vuestro padre el diablo, y los deseos de vuestro padre queréis hacer. El ha sido homicida desde el principio, y no ha permanecido en la verdad, porque no hay verdad en él. Cuando habla mentira, de suyo habla; porque es mentiroso, y padre de mentira.

Este es un versículo que llega al corazón.

Satanás era un asesino y mentiroso. Era un asesino por naturaleza. La esencia misma de Satanás es lo opuesto a lo que vemos en Jesús hombre.

Jesús es verdad. Él es vida. Él es amor.

Satanás es muerte espiritual. Es alguien que odia, que produce pecado. Él es todo lo que es malo.

Jesús fue todo lo que era bueno.

Primera de Juan 3:10 va un paso más allá en este triste drama: *"En esto se manifiestan los hijos de Dios, y los hijos del diablo".*

Aquí tenemos las dos familias en contraste: la familia de Dios y la familia del diablo.

Efesios 2:11–12 nos da una de las imágenes más tristes del hombre natural. El Espíritu, a través de Pablo, está hablando: *"Por tanto, acordaos de que en otro tiempo vosotros, los gentiles en cuanto a la carne, erais llamados incircuncisión por la llamada circuncisión hecha con mano en la carne",* es decir, los judíos llamaban a los gentiles la *"incircuncisión".* ¿Por qué? Porque el hombre circunciso estaba en el primer pacto y tenía derechos de pacto y privilegios de pacto, pero el hombre gentil, el incircunciso, estaba fuera.

El judío no comía en la misma mesa que un gentil, ya que era considerado inmundo. El siguiente versículo lo explica: *"En aquel tiempo estabais sin Cristo, alejados de la ciudadanía de Israel y ajenos a los pactos de la promesa, sin esperanza y sin Dios en el mundo"* (Efesios 2:13).

Todas las bendiciones de Dios están envueltas en Cristo.

Los gentiles estaban separados de Cristo.

Segundo hecho: estaba alienado incluso de la comunidad de Israel, el pueblo de pacto que tiene derechos de pacto sobre Dios, y está ajeno a cualquier relación de pacto con Dios o contrato con Dios.

No tiene esperanza; está sin Dios, y está en el mundo. Observe su condición ahora: está espiritualmente muerto, unido a Satanás.

Jesús le llama hijo del diablo.

Juan el Bautista, recordará usted, dijo: *"Serpientes"* (Mateo 23:33). Con ello, lo que quiso decir fue que eran hijos de Satanás.

No tiene derechos de pacto de parte de Dios. Está sin esperanza; sin Dios, impío, y está en el mundo.

Segunda de Corintios 4:3–4 revela con más plenitud su desesperada condición:

Pero si nuestro evangelio está aún encubierto, entre los que se pierden está encubierto; en los cuales el dios de este siglo cegó el entendimiento de los incrédulos, para que no les resplandezca la luz del evangelio de la gloria de Cristo, el cual es la imagen de Dios.

Este pasaje duele. Aquí se alza el telón.

Este hombre espiritualmente muerto está mentalmente ciego, espiritualmente ciego.

No sé hasta qué punto entiende usted esto, pero todo el conocimiento que tiene este hombre espiritualmente muerto, viene a través de los cinco sentidos: ver, oír, probar, oler y sentir.

No hay otra forma en que el hombre natural reciba conocimiento. Su cuerpo ha sido su laboratorio.

A veces pienso en ello como solamente conocimiento del cuerpo físico.

Esto es todo lo que tiene el hombre natural.

¿Es de extrañar que Darwin nos diera la teoría de la evolución?

El conocimiento de los sentidos nunca puede encontrar a Dios.

El conocimiento de los sentidos no puede entender las cosas espirituales, y este hombre del conocimiento de los sentidos gobernado por los sentidos, dirigido por los sentidos, está espiritualmente ciego.

Si quiere conocer más sobre él, vaya a Efesios 4:17–18:

Esto, pues, digo y requiero en el Señor: que ya no andéis como los otros gentiles, que andan en la vanidad de su mente, teniendo el entendimiento entenebrecido, ajenos de la vida de

Dios por la ignorancia que en ellos hay, por la dureza de su corazón.

Puede que un hombre sea el director de una universidad, pero está perdido, sin Dios y sin esperanza.

Hay una serie de fotografías del amor del hombre natural.

Ahora regresemos y volvamos a ver el arrepentimiento.

El predicador está demandando que este hombre natural "cambie su mente y propósito", o "cambie sus principios y práctica"; "cambie su modo de conducta"; abandone sus viejos hábitos; abandone su rebelión contra la autoridad divina.

La pregunta es: ¿Puede hacerlo?

¿Acaso llorar y gritar y orar cambiará su naturaleza? Entienda que es por naturaleza un hijo de ira. No puede cambiar su propia naturaleza.

Puede cambiar su mente por un momento, pero regresará a lo mismo. Lo que necesita es una nueva naturaleza, y esto debe proceder de Dios. ¿Cómo puede conseguir esta nueva naturaleza?

Venga conmigo a Juan 3:16–17:

Porque de tal manera amó Dios al mundo, que ha dado a su Hijo unigénito, para que todo aquel que en él cree, no se pierda, mas tenga vida eterna. Porque no envió Dios a su Hijo al mundo para condenar al mundo, sino para que el mundo sea salvo por él.

¿Qué es lo que necesita el hombre natural?

Es la vida eterna, la naturaleza de Dios, y no puede conseguirla mediante su propio esfuerzo.

Él no puede cambiar su naturaleza.

Quizá deje algunos de los hábitos que ha aprendido, pero eso no le salva.

Regresemos y observémoslo una vez más.

Él en sí mismo no puede acercarse a Dios.

Es un ser eterno, pero sin esperanza.

Su naturaleza es enemistad hacia Dios. Satanás ha cegado su mente. Su insensible corazón está entenebrecido. Satanás ha gobernado a través de sus sentidos.

El amor le ha dado a Jesús. El amor ha hecho más que eso.

"Pero al que obra, no se le cuenta el salario como gracia, sino como deuda; mas al que no obra, sino cree en aquel que justifica al impío, su fe le es contada por justicia" (Romanos 4:4–5). ¿Qué quiere decir aquí?

Quiere decir que alguien que no intenta mejorarse o intenta dejar sus viejos hábitos y su vieja vida, sino que acepta el regalo que Dios le ha dado sin dinero y sin precio, recibe vida eterna. Sus viejos hábitos dejan de existir y nuevos hábitos ocupan su lugar.

Romanos 4:25, hablando de Jesús: *"El cual fue entregado por nuestras transgresiones, y resucitado para nuestra justificación"*.

¿Qué significa esto? Significa que Jesús realmente sufrió hasta que cada demanda de la justicia se cumplió en lo tocante al pecador.

Y lo segundo, cuando las demandas de justicia se suplieron, Él resucitó para demostrar que había pagado el precio de nuestras iniquidades, y ahora el hombre tiene justificación, justicia y vida eterna esperándole.

Siendo pues justificados por la fe, o siendo por lo tanto declarado justo en base a la pura gracia, Dios le dice al pecador: Acepta a Jesús como tu Salvador, confiésale como tu Señor, y te daré vida eterna y te haré una nueva creación.

Usted puede ver que esto es todo por gracia.

Cuando le digo a un hombre inconverso que debe tener tristeza y arrepentimiento piadosos, no sé de lo que estoy hablando.

Pablo le dijo a ese joven cristiano que había cometido un pecado nada saludable, que necesitaba mostrar una tristeza que obrara para arrepentimiento en su propia vida.

Ese mensaje se puede predicar en la iglesia hoy.

La iglesia necesita arrepentirse.

El hombre no salvo tiene que aceptar a Jesús como su Salvador y confesarle como su Señor.

El hombre no salvo necesita vida eterna y justicia.

"Porque somos hechura suya, creados en Cristo Jesús" (Efesios 2:10). ¿Cuándo fuimos creados en Cristo Jesús?

Después de que Él fuese hecho pecado por nosotros y fuese vivificado; cuando el Padre le justificó en espíritu ahí en el lugar de sufrimiento y le vivificó, la iglesia fue justificada.

Ahí la iglesia fue vivificada en espíritu con Él, o recreada en la mente del Padre.

Ahora el hombre no salvo recibe vida eterna y justicia, y entra a formar parte de la familia de Dios.

Ellos le están esperando. Se ha hecho todo. La obra del Padre en Cristo está terminada.

Cuando Jesús se sentó a la diestra de la majestad en las alturas, fue porque Él había terminado la obra de redención.

No había nada más que hacer. La redención era algo terminado y arreglado.

Ahora lo acepto y recibo los beneficios de la obra terminada de mi Señor.

Verá, Jesús le pertenece al hombre no salvo.

El hombre no salvo tiene a Jesús en sus manos. Él murió por él.

Él le despojó del pecado.

142 Realidades de la Nueva Creación

Él ha hecho que el nuevo nacimiento sea una posibilidad para él, pero el hombre no salvo debe aceptarle.

Romanos 10:9–10 nos dice: *"Que si confesares con tu boca que Jesús es el Señor, y creyeres en tu corazón que Dios le levantó de los muertos, serás salvo. Porque con el corazón se cree para justicia, pero con la boca se confiesa para salvación".*

Con sus labios hace la confesión de su salvación.

Ahora obsérvelo con cuidado. Jesús le pertenece a él pero Él no tendrá valor alguno para él a menos que confiese su señorío sobre su vida.

La vida eterna le pertenece a él pero nunca la obtiene.

Nunca recibe beneficio alguno de ello hasta que no acepta a Cristo como su Salvador y confiesa su señorío.

Entonces se convierte en una nueva criatura en Cristo Jesús.

Las cosas viejas pasaron justo en el momento en que la vida eterna llega a su espíritu.

Moody solía declarar que arrepentimiento significaba "cambio radical". Eso es cierto.

En el momento en que el pecador acepta a Jesucristo, hace un cambio radical.

Pero no puede hacerlo a menos que acepte lo que Dios ha logrado por él en Cristo.

El hombre no salvo tiene la capacidad de confesar a Jesús como Señor sobre su vida con sus labios.

Tiene la capacidad de tomar la decisión, de aceptar a Cristo como su Salvador.

Las manos de Dios están atadas hasta que él que haga esta confesión.

Él no le pide a un pecador que confiese sus pecados.

Ese es un hecho evidente por sí mismo.

Él es un pecador, pero Dios demanda que confiese el señorío de Jesús, y cuando lo hace, confiesa su fe en la obra sustitutoria que Cristo logró por él.

Ahora puede entender Efesios 2:4–10:

Pero Dios, que es rico en misericordia, por su gran amor con que nos amó, aun estando nosotros muertos en pecados, nos dio vida juntamente con Cristo (por gracia sois salvos), y juntamente con él nos resucitó, y asimismo nos hizo sentar en los lugares celestiales con Cristo Jesús, para mostrar en los siglos venideros las abundantes riquezas de su gracia en su bondad para con nosotros en Cristo Jesús. Porque por gracia sois salvos por medio de la fe; y esto no de vosotros, pues es don de Dios; no por obras, para que nadie se gloríe. Porque somos hechura suya, creados en Cristo Jesús.

Deberíamos hacer el mensaje tan claro y simple, que el hombre no salvo pudiera ver a Jesús como su Salvador y Señor.

Deberíamos hacer que el mensaje fuera tan fácil de entender, que pueda ver que lo único que necesita es obedecer la Palabra.

No le diga que necesita creer.

No le diga que necesita arrepentirse, porque eso le confundirá.

Si acepta a Cristo como su Salvador y le confiesa como su Señor, eso es arrepentimiento. Eso es lo que Dios requiere.

Capítulo 16

TENER SU PROPIA VIDA DE FE

Es algo triste depender de la fe de otro. En cierta medida todos dependemos de otros, pero en este asunto vital de la vida, ningún creyente debería depender de la capacidad de otro para acercarse al trono.

No podemos permitirnos confiar en otros con respecto a asuntos vitales que nosotros mismos deberíamos ser capaces de afrontar.

La fe se mide por nuestra apreciación de nuestra posición en la familia del Padre.

Cuando conocemos nuestro lugar como hijos, conocemos nuestros derechos, conocemos nuestra justicia, nuestra capacidad para estar en la presencia del Padre sin ningún sentimiento de culpa o inferioridad, cuando sabemos que tenemos un buen lugar ante el Padre como Jesús lo tuvo en su caminar en la tierra, entonces el problema de la fe está resuelto.

Primera de Corintios 1:30 debería ser un versículo destacado en nuestro caminar diario: *"Mas por él estáis vosotros en Cristo Jesús, el cual nos ha sido hecho por Dios sabiduría, justificación, santificación y redención"*.

Necesitamos una conciencia tanto de justicia como de sabiduría.

Debemos saber que Él es ahora nuestra justicia, y que 2 Corintios 5:21: *"Al que no conoció pecado, por nosotros lo hizo pecado, para que nosotros fuésemos hechos justicia de Dios en él"* se ha convertido en una realidad.

Verá, nos hemos convertido totalmente, por el nuevo nacimiento, por ser participantes de la naturaleza divina, en la justicia misma de Dios en Cristo.

Eso no es ni filosofía y teología; es un hecho.

Así como el hambre y la sed son hechos, nuestra justicia y nuestra posición ante el Padre son una realidad definitiva y claramente definida.

Jesús fue hecho sabiduría por nosotros a la vez que fue hecho justicia por nosotros.

Necesitamos desesperadamente sabiduría para usar nuestra justicia y para usar la capacidad que nos ha sido dada en Cristo.

Efesios 4:7 declara un hecho que el creyente promedio ha ignorado: *"Pero a cada uno de nosotros fue dada la gracia conforme a la medida del don de Cristo".*

Gracia significa capacidad. Gracia significa todo lo que necesitamos en este caminar terrenal.

Pero nos ha faltado la sabiduría para utilizar nuestras capacidades, para aprovecharnos de nuestra posición en Cristo.

Ahora Jesús ha sido hecho sabiduría por nosotros.

Cada creyente debiera saber eso, así como sabe que tiene un paraguas o un chubasquero durante la estación lluviosa, y antes de salir, se pone su gorro, su chubasquero y toma su paraguas y sale a la oficina.

Cuando usted sale por la mañana para afrontar los difíciles problemas de la vida, debería recordar estos hechos:

Usted tiene la sabiduría de Dios ahora para suplir cualquier necesidad del día.

Tiene que encontrarse con ciertas personas. Algunas van a ser muy difíciles, pero tiene la sabiduría y capacidad de Dios para hacer los contactos y superar los quehaceres con éxito.

Tiene una sabiduría superior a la de ellos. Ellos solo tienen la sabiduría material, la humana. Usted tiene la sabiduría de Dios.

Él le ha sido hecho sabiduría.

No solo eso, sino que usted es su justicia.

Eso le da acceso al trono en cualquier momento.

Puede estar en su presencia así como Jesús lo hizo en su caminar en esta tierra, porque Jesús es su justicia.

No puede haber un evento tan grande como para que la sabiduría y la justicia de Dios no le capaciten para hacerle frente con éxito.

Verá, cuando usted se convierte en la sabiduría de Dios, eso realmente le hace ser amo de las circunstancias.

Eso le permite estar en el círculo interior.

Eso le da la ventaja de poder revestirse de la sabiduría y la capacidad del Padre.

Satanás no puede lidiar con el hombre que sabe que es la justicia de Dios en Cristo, que sabe que Jesús le ha sido hecho sabiduría.

Ese hombre es un amo.

Eso le pone en la categoría de un Superman.

Haga un recuento por un momento.

Tiene la naturaleza misma de Dios en usted.

La vida antigua que le mantenía en esclavitud ha dejado de ser.

El antiguo yo que estaba dominado por las circunstancias y por Satanás ha dejado de ser, y un nuevo yo, un yo dominante, un yo justo, un yo lleno de Dios ha ocupado su lugar.

Ahora tiene usted derecho legal a usar el nombre de Jesús.

Antes de que el Maestro ascendiera, recuerde que dijo en Mateo 28:18: *"Toda potestad me es dada en el cielo y en la tierra"*.

Esa autoridad es para los miembros del cuerpo.

Jesús no la necesita.

Él y el Padre son uno, así que todo lo que el Padre es, Jesús es. Esta autoridad se le dio a la iglesia.

La capacidad de usar esa autoridad se nos da en el Espíritu Santo.

Nosotros no solo tenemos esta autoridad, sino que tenemos el gran Espíritu poderoso que resucitó a Jesús de la muerte morando en nosotros, y cuando Él vino a nosotros, trajo toda su capacidad, la capacidad que Él ejerció en la resurrección del Maestro, la capacidad que ejerció en Cristo. Todo está en Él.

No es de extrañar que Juan dijera por el Espíritu, en 1 Juan 4:4: *"Mayor es el que está en vosotros, que el que está en el mundo"*.

Verá, somos un pueblo dominante. Tenemos la capacidad creativa de Dios en nosotros. No hay límite en cuanto a dónde podemos ir.

No son solo estas capacidades, sino que hay otras capacidades que son nuestras.

"Porque de su plenitud tomamos todos" (Juan 1:16). Quizá entre los bienes más importantes que tenemos es el nuevo tipo de amor.

Jesús lo trajo al mundo.

Cuando somos recreados, ese nuevo tipo de amor se convierte en nuestra naturaleza.

Nos convertimos en participantes de la naturaleza divina, porque el Padre es amor. Cuando esa naturaleza de amor llega, trae un elemento al hombre que le hace ser amo.

Cuando un hombre pierde los nervios, la persona que le hizo perder los nervios es superior a él de algún modo.

No perdería los nervios si esa persona no le hubiera aventajado, "superado en la táctica" en algún modo.

El amor nos hace inmunes a estas influencias, nos hace ser amos de ellas.

Resucitamos en Dios, es decir, resucitamos en amor; caminamos en amor; vivimos en amor, y eso nos hace amos de cada persona que no camina en amor.

Las cosas desagradables que él hace o dice, sabemos que las ha dicho un inferior.

El amor nunca se irrita.

El amor nunca pierde su postura; nunca pierde los nervios.

Es amo de sí mismo, y eso le hace ser amo de toda persona que esté fuera del amor.

Esta naturaleza de Jesús le hace ser una personalidad dominante, una personalidad de amo.

Ellos no pueden vencerle así como no pudieron vencer a Cristo. Quizá le apedreen; quizá le golpeen; quizá, debido a que son muchos, le hagan prisionero, pero usted se convierte en su amo en el momento en que se convierte en su prisionero. Es un dato extraño, pero es cierto. Su naturaleza de amor le hace un amo.

Quiero que aprenda a creer en amor.

Quiero que aprenda a descansar en ello, a depender de ello, a esperar grandes cosas de ello. No se decepcionará.

Recuerde ese versículo: *"Hijitos, vosotros sois de Dios"*. Es 1 Juan 4:4, y después, en Juan 3:5, Jesús dijo: *"El que no naciere de agua y del Espíritu, no puede entrar en el reino de Dios. Lo que es nacido de la carne, carne es"*.

Después, dice otra cosa impactante: *"Y lo que es nacido del Espíritu, espíritu es"* (Juan 3:6).

Bien, entonces usted no pertenece al antiguo orden de las cosas. Usted pertenece a esta nueva familia, a esta nueva condición.

Usted es participante de la naturaleza divina.

Usted está en la esfera de la vida con Dios, y reina como un rey en esta esfera de la vida.

Usted es un amo. ¿Qué le hace ser un amo? La misma naturaleza del Padre que ha llegado a usted.

Este regalo de amor le ha hecho superior a todo lo que le rodea.

Las fuerzas que le rodean emanan del egoísmo del hombre natural.

Usted ahora tiene la naturaleza de amor de Dios. Eso le hace ser superior. Debe aprender a confiar en esto. Piense en que usted está en Cristo. Nunca piense en su carencia; piense en la gran herencia que tiene, porque sabe que Él le ha dado la capacidad de disfrutar todo lo que le pertenece.

Permítame darle Colosenses 1:12: *"Dando gracias al Padre que nos hizo aptos para participar de la herencia de los santos en luz"*.

Usted tiene la capacidad de entrar en toda la plenitud de Cristo.

Juan 1:16 no significa nada a menos que se aproveche usted de ello: *"Porque de su plenitud tomamos todos, y gracia sobre gracia"*.

Esto no fue dicho para los ángeles ni para los hombres durante el milenio; esto es para nosotros ahora.

Usted tiene la plenitud de Él. Quizá sea una propiedad sin desarrollar en usted. Quizá nunca le haya sacado partido a las riquezas de la gloria de su herencia en Cristo.

Quizá se haya quedado en la esfera de la infancia donde siempre está luchando e intentando conseguir algo y ser algo. Usted ya ha pasado eso; usted es algo.

Él le ha hecho ser lo que es en Cristo.

Verá, usted fue creado en Cristo.

Efesios 2:10 debiera resolver cada problema de nuestro conflicto espiritual: *"Porque somos hechura suya, creados en Cristo Jesús para buenas obras, las cuales Dios preparó de antemano para que anduviésemos en ellas"*.

No hay límite en su caminar y su capacidad.

El único límite es el límite que usted pone, y tan pronto como aparta sus manos de esta nueva creación y la deja funcionar y desarrollarse en Cristo, se convierte al instante en una increíble bendición para el mundo.

Usted tiene una comunión inconsciente con el Padre y con Cristo.

Esa comunión es triple: es con el hermano que camina en la luz, y qué cosa celestial es esa; caminar en comunión con aquellos a quienes ama y quienes le aman a usted y aman a nuestro Señor.

Segundo, es con Cristo como Señor. Primera de Corintios 1:9: *"Fuisteis llamados a la comunión con su Hijo Jesucristo nuestro Señor"*.

Tercero, tiene comunión con la Palabra. La Palabra se convierte para nosotros en la voz misma del Maestro.

Le habla a usted; le fortalece; le consuela.

Lea un pasaje como este en Colosenses 1:27: *"A quienes Dios quiso dar a conocer las riquezas de la gloria de este misterio entre los gentiles; que es Cristo en vosotros, la esperanza de gloria"*.

Usted tiene las riquezas de la capacidad de Él en usted.

O tome este en Colosenses 2:6–7:

> *Por tanto, de la manera que habéis recibido al Señor Jesucristo, andad en él; arraigados y sobreedificados en él, y confirmados en la fe, así como habéis sido enseñados, abundando en acciones de gracias.*

Usted está en ello; es parte de ello. Es suyo.

No está luchando por nada.

Ha entrado en su descanso.

Él se ha convertido en su capacidad para cada emergencia.

Hubo un tiempo en el que luchaba, y oraba, y gemía por ser algo.

Pero Colosenses 3:1–2 es una fotografía de usted: *"Si, pues, habéis resucitado con Cristo, buscad las cosas de arriba, donde está Cristo sentado a la diestra de Dios. Poned la mira en las cosas de arriba, no en las de la tierra".*

Y luego nos dice que Cristo es nuestra vida.

Somos totalmente uno con Él.

Él se ha convertido en parte de nosotros y nosotros nos hemos convertido en parte de Él.

Hemos aprendido lo que significa Juan 8:12: *"Yo soy la luz del mundo; el que me sigue, no andará en tinieblas, sino que tendrá la luz de la vida".*

Luz significa sabiduría. Es la sabiduría de este nuevo tipo de vida. Usted tiene ese nuevo tipo de vida. Usted tiene la sabiduría de Él, y esa sabiduría le da la capacidad de tomar las decisiones correctas, de hacer lo correcto en el momento correcto. No solo eso, sino que le da la capacidad de entrar en toda la plenitud, todas las bendiciones y todas las riquezas de su obra redentora. Usted destaca de inmediato. No es alguien común.

Ahora usted se alegra en 1 Corintios 3:21: *"Porque todo es vuestro"*, ya sea que la revelación de ello le llegara a Pablo, o a Pedro, o a Juan, no tiene relevancia alguna; todo es suyo.

Y luego otra cosa extrañamente bonita es: *"Y vosotros de Cristo"* (1 Corintios 3:23). Verá, usted le pertenece. Él es de usted y usted es de Él.

Así como un esposo posee a su esposa, Él le posee a usted y es una propiedad de amor.

Pero eso no es todo. Segunda de Corintios 9:8 debiera emocionar nuestro corazón: "*Y poderoso es Dios para hacer que abunde en vosotros toda gracia, a fin de que, teniendo siempre en todas las cosas todo lo suficiente, abundéis para toda buena obra*".

Verá, no hay nada estrecho o con carencias en las bendiciones del Padre. Hay una plenitud total en sus bendiciones.

Él le ha bendecido con toda bendición espiritual en Cristo. No hay ninguna necesidad que usted pueda tener que no haya sido suplida.

La capacidad del Padre está a su disposición en cada crisis de su vida, y en su vida diaria su amor le enriquece tanto que no hay desgaste por el uso.

Usted tan solo pasa por un camino llano y fácil, llevado por su gracia, sustentado por su amor, pero su misma naturaleza de amor y gracia le hace sombra.

Usted es rico. Es lo que Dios cuida.

La razón por la que escribo esto es para darle una fotografía de lo que usted es en Cristo, para que se levante y ocupe su lugar y disfrute de las riquezas que le pertenecen, y para que aprenda a dar cabida a la capacidad de Él en usted.

Aprenderá a tener confianza en el Dios que está en usted.

Aprenderá a hablar de Él como habla de un hombre fuerte que está trabajando en usted, o como alardea de un automóvil que se ríe de las colinas y montañas.

Porque mayor es el que está en usted que cualquier montaña, cualquier dificultad y cualquier combinación de circunstancias.

Usted está vinculado a Dios.

Dios está de su lado. Él está luchando sus batallas.

Lo único que usted tiene que hacer es actuar en base a su Palabra; caminar en su Palabra. Esa es su voluntad para usted, y se sorprenderá de lo dulce y hermosa que se vuelve la vida.

Aprenderá otra cosa: la autoridad y el poder de la Palabra viva en sus labios.

Puede decirle a la enfermedad y las dolencias: "En el nombre de Jesús, deja este cuerpo", y esa palabra viva en sus labios será obedecida por el autor de la enfermedad y las dolencias.

Su Palabra en sus labios pone a Dios a trabajar al instante; le da la oportunidad de demostrar su capacidad para ayudar al hombre.

Su Palabra en sus labios guiará a hombres y mujeres a Cristo; romperá el poder de Satanás sobre los débiles.

No necesitará la fe de otro hombre.

Ha pasado a la esfera de quienes no están mendigando que les lleven gratis, sino que es capaz de llevar a otro.

Se ha convertido en un espíritu dominante en lugar de estar intimidado, roto, desamparado.

Usted ha salido de la esfera de la carga para entrar en los bienes de Dios. Se está fortaleciendo, y está venciendo las debilidades de otros.

Usted ve la sobrecarga de ese hermano y se pone debajo de ella.

Tendrá un gozo que es indescriptible ahora y estará lleno de la gloria de Él.

Capítulo 17

LAS LIMITACIONES DE JESÚS

Durante la estancia de Jesús en la tierra, trató exclusivamente con los judíos, el pueblo del primer pacto.

Estuvo rodeado de hombres que nunca habían nacido de nuevo.

Ninguna persona con la que Él trató había recibido aún vida eterna.

Todos estaban muertos espiritualmente.

Juan 8:44 es la descripción que Jesús hace de ellos: *"Vosotros sois de vuestro padre el diablo, y los deseos de vuestro padre queréis hacer".*

Qué difícil debió de haber sido para el Maestro, cuyo gran corazón de amor deseaba a la gente, decirles esta dolorosa verdad.

Él nunca se conformó a sus entornos o las opiniones de la gente.

Siempre hablaba por su Padre.

Ha sido algo triste que tantos de nuestros maestros hayan hablado de los que caminaban con Jesús como si ya fueran cristianos, como si hubieran recibido vida eterna.

Si alguien hubiera recibido vida eterna antes de que Jesús muriese y resucitase, entonces no habría tenido que sufrir, porque todos podían haberla recibido.

No es lo que el hombre ha hecho; lo que él es por naturaleza es lo que le separa de Dios. Todos estaban muertos espiritualmente.

Jesús estaba limitado en gran parte a la esfera de lo físico con ellos.

Sanó sus enfermedades; resucitó a sus muertos; alimentó a las multitudes, pero no recreó a nadie.

No le dio a nadie vida eterna.

El hombre aún no había sido redimido; el castigo del pecado aún no se había pagado.

Los hombres eran por naturaleza hijos de ira.

Estaban todos dentro de una misma clase.

La única diferencia entre el israelita y el gentil era que el primero estaba bajo el primer pacto.

Era circunciso; era de la familia de Abraham.

Tenía un sacerdocio que hacía una expiación anual por él y ponía sus pecados una vez al año sobre la cabeza de un chivo expiatorio que era liberado en el desierto.

Pero eso no le hacía ser una nueva creación.

Le daba derecho a la nueva creación.

Recordará que Romanos 3:25 declara: *"A quien Dios puso como propiciación por medio de la fe en su sangre, para manifestar su justicia, a causa de haber pasado por alto, en su paciencia, los pecados pasados"*.

Después, Hebreos 9:15 explica esto con más profundidad: *"Así que, por eso es mediador de un nuevo pacto, para que interviniendo muerte para la remisión de las transgresiones que había bajo el primer pacto, los llamados reciban la promesa de la herencia eterna"*.

Cristo murió por los pecados de quienes estaban bajo el primer pacto.

Fue como si una nota promisoria se diera cada año cuando el sumo sacerdote entraba en el lugar santísimo para hacer la expiación anual.

Esas notas promisorias fueron liquidadas cuando Jesús llevó su sangre al lugar santísimo celestial. Así, todos los pecados bajo el primer pacto fueron retirados, limpiados como si nunca hubieran existido.

Entenderá esto con más profundidad en Hebreos 10:1–3:

Porque la ley, teniendo la sombra de los bienes venideros, no la imagen misma de las cosas, nunca puede, por los mismos sacrificios que se ofrecen continuamente cada año, hacer perfectos a los que se acercan. De otra manera cesarían de ofrecerse, pues los que tributan este culto, limpios una vez, no tendrían ya más conciencia de pecado. Pero en estos sacrificios cada año se hace memoria de los pecados.

¿Por qué? *"Porque la sangre de los toros y de los machos cabríos no puede quitar los pecados"* (Hebreos 10:4).

"Pero Cristo, habiendo ofrecido una vez para siempre un solo sacrificio por los pecados, se ha sentado a la diestra de Dios" (Hebreos 10:12).

"Porque con una sola ofrenda hizo perfectos para siempre a los santificados" (Hebreos 10:14).

Esto le da un cuadro perfecto del hombre bajo el primer pacto cuyo pecado era cubierto, cuyos pecados eran normalmente quitados.

Después Jesús viene y se lleva todo el pecado que había sido cubierto y remite todos los pecados que normalmente habían sido quitados, así que los judíos que confiaban en la sangre expiatoria de animales fueron salvos por el sacrificio de Él.

Observe de nuevo que nadie podía recibir vida eterna y conseguir que sus pecados fueran remitidos hasta que el pecado fuese quitado, hasta que las demandas de la justicia hubieran sido satisfechas.

Hebreos 2:17 ilustra eso perfectamente: *"Por lo cual debía ser en todo semejante a sus hermanos, para venir a ser misericordioso y fiel sumo sacerdote en lo que a Dios se refiere, para expiar los pecados del pueblo".*

Como nuestro sumo sacerdote, recordará, primero Él tenía que cumplir con las demandas de la justicia, para satisfacer las demandas de la justicia contra judíos y gentiles.

Cuando estuvo en el infierno, y Satanás fue vencido, la redención del hombre se completó. Es entonces cuando Dios aceptó su sangre, y Él se sentó a la diestra de Dios.

Pero no estaba completo mientras Cristo vivía, así que no tuvo valor para nadie.

La nueva creación no estaba disponible.

No había ningún sumo sacerdote a la diestra del Padre con la sangre para mostrar que Él se había ocupado del problema del pecado.

No había ningún mediador a la diestra de Dios, y hasta que no hubo un mediador, ningún ser humano pudo acercarse a Dios.

"Yo soy el camino, y la verdad, y la vida; nadie viene al Padre, sino por mí" (Juan 14:6).

"Y en ningún otro hay salvación; porque no hay otro nombre bajo el cielo, dado a los hombres, en que podamos ser salvos" (Hechos 4:12). El nombre de Jesús aún no estaba disponible como Salvador.

Su obra de mediación aún no estaba disponible.

Jesús ahora era un profeta. Aún no se había convertido en un sustituto por el pecado; no había ningún Salvador.

Él solo se movía en la esfera de los sentidos con los hombres.

Él trató con los demonios.

Los expulsó de los individuos.

Rompió su poder sobre los hombres, lo cual fue todo en el ámbito de los sentidos.

Es algo muy amargo para nuestros corazones darse cuenta de que Jesús, durante su caminar en esta tierra, no tuvo ni un compañero con una mente espiritual.

Buenas personas lo amaban, pero su amor era el amor del hombre natural.

Era algo egoísta. Era tan egoísta, que cuando resucitó de los muertos dijeron: "Señor, ¿restaurarás el reino a Israel en este tiempo?". (Véase Hechos 1:6).

Él no podía ayudar a los hombres espiritualmente porque estaban muertos en su espíritu.

Creo que puede entender ahora este versículo: "*Y aun mayores hará, porque yo voy al Padre*" (Juan 14:12).

Estamos haciendo obras mayores que las que hizo el Maestro en su caminar terrenal, porque nosotros ayudamos a los hombres espiritualmente.

Les llevamos la Palabra de vida y son recreados; entran a formar parte de la familia de Dios.

Les ayudamos a pasar de muerte a vida.

Les enseñamos a través de la Palabra que Dios les ha hecho su justicia.

Ahora ellos pueden estar en su presencia como si nunca hubiera habido pecado.

Somos los agentes de Dios dando a los hombres vida eterna, haciéndoles amos de los demonios y de las circunstancias.

Nosotros, a través de su Palabra viva, hemos podido llevar a los hombres a una comunión e intimidad con el Padre a través del nuevo nacimiento.

Nuestro ministerio es casi un ministerio ilimitado.

Su ministerio era limitado.

Jesús sanó los cuerpos de los hombres.

Nosotros, mediante la gracia de Dios, sanamos los espíritus de los hombres.

Él resucitó a los hombres de la muerte para volver a morir.

Nosotros les enseñamos que fueron resucitados juntamente con Cristo.

Él alimentó a los hambrientos con panes y peces.

Nosotros alimentamos a los espiritualmente hambrientos con las maravillosas palabras de Dios.

Nosotros tenemos el Espíritu en nosotros que levantó a Jesús de los muertos.

Tenemos derecho legal a usar el nombre de Jesús.

Con ese nombre hacemos las obras que Jesús hizo en su caminar terrenal.

Pero regrese al pensamiento de las limitaciones de las amistades de Jesús.

Su propia madre no podía entenderle. Sus propios hermanos le miraban con recelo.

Para los más cercanos a Él, era un extraño. Él les conocía pero ellos a Él no.

No puede haber una profunda amistad espiritual a menos que ambos nos conozcamos.

Las limitaciones de Jesús en su caminar terrenal explican gran parte de su enseñanza.

Podría estar bien que contrastásemos las enseñanzas de Jesús y de Pablo sobre el tema de la fe.

Jesús demandó a los hombre que tuvieran fe en él. Dijo: *"Que si tuviereis fe como un grano de mostaza, diréis a este monte: Pásate de aquí allá, y se pasará"* (Mateo 17:20).

En Marcos 11:22 Jesús dijo: *"Tened fe en Dios".*

Los discípulos no pudieron hacer eso.

Nadie puede tener la fe de Dios hasta que no haya sido recreado.

Verá, Jesús es el autor y consumador de la fe, y cuando nos convertimos en nuevas criaturas recibimos una medida de la fe de Dios. (Véase Romanos 12:3).

Tenemos su naturaleza, su vida, y con ella viene su fe.

A medida que crecemos en gracia y conocimiento, entendemos la obra terminada de Cristo. A medida que nuestra fe crece, es realmente la fe de Dios.

Porque de cierto os digo que cualquiera que dijere a este monte: Quítate y échate en el mar, y no dudare en su corazón, sino creyere que será hecho lo que dice, lo que diga le será hecho.

(Marcos 11:23)

"Por tanto, os digo que todo lo que pidiereis orando, creed que lo recibiréis, y os vendrá" (Marcos 11:24). Esa fue una idea clave del ministerio de Jesús.

Jesús dijo al padre que le pidió la sanidad de su hijo: *"Al que cree todo le es posible"* (Marcos 9:23).

"Y todo lo que pidiereis en oración, creyendo, lo recibiréis" (Mateo 21:22).

Pablo nunca le dice a un creyente que crea.

Nunca nos insta a tener fe.

Eso me molestaba cuando lo vi por primera vez; después vi la verdad. Nosotros *somos* creyentes.

Tuvimos que tener fe para entrar en la familia, pero una vez que entramos en la familia, todas las cosas que Dios consiguió en Cristo para nosotros son nuestras.

Observe que Jesús, hablando a la iglesia proféticamente (porque la iglesia aún no había comenzado a existir), dijo en Juan 15:16:

> No me elegisteis vosotros a mí, sino que yo os elegí a vosotros, y os he puesto para que vayáis y llevéis fruto, y vuestro fruto permanezca; para que todo lo que pidiereis al Padre en mi nombre, él os lo dé.

En este versículo, y Juan en 14:14, Jesús nos da un derecho legal al uso de su nombre.

Es lo mismo que dar el poder notarial a alguien.

Jesús de hecho hace esto con la iglesia.

Pero esto es lo extraño de esto. Tome Juan 16:24: *"Hasta ahora nada habéis pedido en mi nombre; pedid, y recibiréis, para que vuestro gozo sea cumplido"*. (Juan 15:16 es profecía).

Jesús no menciona la fe. No dice que deben creer.

¿Por qué? Ya son creyentes.

Entonces toda nuestra predicación acerca de la fe y la necesidad de fe ha sido errónea.

Deberíamos haber hablado al creyente de lo que es en Cristo; cuáles son sus derechos y privilegios en Cristo y su derecho legal a usar el nombre de Jesús.

Deberíamos haberle enseñado lo que significó recibir la naturaleza y la vida de Dios en su espíritu, que le hizo ser una nueva criatura.

No solo eso, sino que la nueva creación se había convertido en la justicia de Dios en Cristo, de tal modo que aquel que antes era pecador, ahora podía estar en la presencia del Padre sin el sentimiento de temor, condenación o inferioridad.

Podía estar ahí como un Hijo en su comunión más plena con su Padre.

Si hubiéramos enseñado esto, no habríamos tenido esa larga batalla por la fe.

Hubiéramos sabido quiénes éramos y qué éramos en Cristo. Hubiéramos aprendido cómo ocupar nuestro lugar en la familia; cómo disfrutar de nuestros privilegios.

Nos hubiéramos familiarizado con nuestro Padre.

Los grandes hechos de la sustitución y la nueva creación y redención se hubieran convertido en realidades espirituales para nosotros.

Pero en lugar de eso, nos han predicado los mensajes que Jesús dio a los judíos durante su caminar terrenal, y no son apropiados para nosotros.

Nos mantienen bajo condenación. Nos hacen conscientes de nuestra carencia.

Verá, si yo no sé lo que soy, la Palabra me confunde, pero cuando sé lo que soy en Cristo, conozco cuáles son mis derechos y privilegios, entonces no puede haber confusión en mi espíritu.

No hubo discordia entre las enseñanzas de Jesús y el apóstol Pablo porque todas eran de Dios.

Capítulo 18

EL SATANÁS DERROTADO

Pocos de nosotros hemos reconocido alguna vez el hecho de que las Escrituras enseñan que Satanás está derrotado en lo que respecta al creyente.

No lo venció el creyente; lo venció Cristo para los creyentes en su obra sustitutoria.

La victoria de Cristo le pertenece al creyente, porque fuimos identificados con Cristo en su obra sustitutoria.

Hemos mencionado esto en otro capítulo, pero deseo ir un poco más en profundidad con usted en esto.

En Gálatas 2:20, Pablo dice: *"Con Cristo estoy juntamente crucificado"*. Hace mucho tiempo, cuando Cristo estaba colgado en la cruz, en la mente de la justicia todos nosotros estábamos allí colgados.

Nos identificamos con Él porque Él fue nuestro sustituto. Estaba ocupando nuestro lugar para poder redimirnos de la mano de nuestro enemigo.

Estábamos con Él cuando murió, porque morimos con Él.

Estábamos con Él cuando dejó su cuerpo.

Estábamos con Él en su gran agonía, mientras sufría el castigo que merecíamos.

Estuvo en la cárcel de la muerte. Satanás era su portero.

El horror de ello nunca se conocerá.

Jesús estuvo allí hasta que satisfizo las demandas de la justicia para nosotros. Romanos 4:25 dice: *"El cual fue entregado por nuestras transgresiones"*, es decir, fue entregado a la muerte, la muerte espiritual.

Fue entregado al juicio. Fue entregado para pagar el castigo que le debíamos a la justicia, y cuando las demandas de la justicia fueron cumplidas, fuimos justificados con Cristo.

Esa es la razón por la que cada hombre no salvo tiene un derecho legal a la vida eterna, porque legalmente fue justificado con Cristo en esa gran obra sustitutoria.

Después Jesús nació de nuevo. Si recuerda el versículo de Hechos 13:33: *"Mi hijo eres tú, yo te he engendrado hoy"*, ese fue el día de nuestra redención.

Quiero hacer una pausa aquí solo un momento y llamar su atención a un hecho impactante.

Recuerde que cuando Jesús entró en el lugar santísimo con su sangre, acababa de salir del infierno, y cuando el Padre le justificó, fue tan justificado que pudo estar en presencia del Padre sin el más mínimo atisbo de condenación.

Como los tres chicos hebreos, cuando salieron del horno de fuego ni tan siquiera había en sus ropas olor a humo. No había olor en la ropa de nuestro Señor.

¿Sabe lo que me hace ver eso? Si Jesús pudo salir de allí e ir a la presencia del Padre, usted y yo podemos salir de este mundo gobernado por la muerte espiritual.

Los que hemos recibido vida eterna podemos ir a la presencia del Padre sin el sentimiento o el olor de la muerte espiritual en nosotros.

En cuanto el Maestro vivió en espíritu, entonces Colosenses 2:15 se convirtió en una realidad. *"Y despojando a los principados y a las potestades, los exhibió públicamente".*

Ahí mismo, en presencia de todas las huestes de oscuridad, Jesús venció al príncipe de las tinieblas. *"Para destruir por medio de la muerte al que tenía el imperio de la muerte, esto es, al diablo"* (Hebreos 2:14), o como lo traduce Rotherham: "Él paralizó el poder de Satanás para tratar con la muerte". Él le paralizó. Le quebrantó.

Ahora esto es lo que quiero que vea: esa fue una victoria eterna. Satanás fue quebrantado eternamente, derrotado eternamente.

¿Se ha dado cuenta de cómo lo expresa Pedro? *"Porque vuestro adversario el diablo, como león rugiente, anda alrededor buscando a quien devorar"* (1 Pedro 5:8). Después dice: *"Al cual resistid firmes en la fe"* (1 Pedro 5:9). Nuestro combate se ha luchado y ganado.

No hay una batalla que usted tenga que luchar salvo la batalla de la fe. Usted debe luchar la buena batalla de la fe.

¿Qué significa eso? Usted debe ganar todas sus victorias con palabras. Tiene que aprender las palabras de este maravilloso Libro, y con palabras usted vencerá a su enemigo.

Lo único que Pedro dijo al hombre enfermo en la puerta la Hermosa fue: *"En el nombre de Jesucristo de Nazaret, levántate y anda"* (Hechos 3:6), y el hombre fue liberado. No impuso sus manos sobre él. No oró por él. Simplemente sanó al hombre con palabras.

Así es como Jesús sanó, con palabras.

Así es como el Padre creó el universo, con palabras.

Usted vence al adversario con palabras.

Hoy día, usted consuela a los débiles y los quebrantados con palabras. Sana a los enfermos con palabras.

Por eso cuando leí Isaías 53:4: *"Ciertamente llevó él nuestras enfermedades, y sufrió nuestros dolores; y nosotros le tuvimos por azotado, por herido de Dios y abatido"*, supe que por su llaga yo fui curado.

¿Qué me sanó? Palabras.

Ahora puede entender Salmos 107:20: *"Envió su palabra, y los sanó"*.

No es oración. No es imposición de nuestras manos.

Quizá eso sea necesario entre los bebés en Cristo, pero para el hombre maduro a la estatura del conocimiento de sus derechos y privilegios, la Palabra le sana.

La Palabra me trajo ese dinero. He provocado la atención de mi Padre a Filipenses 4:19: *"Mi Dios, pues, suplirá todo lo que os falta"*, y Él lo hizo, *"conforme a sus riquezas en gloria en Cristo Jesús"*.

Eso lo dejó zanjado. Sus palabras me trajeron consuelo y seguridad. Después simplemente dije: "En el nombre de Jesús, espíritus ministradores, vayan y hagan que venga el dinero", y el dinero llegó. No una vez, sino que ha estado llegando durante todos estos años de mi ministerio público.

Mire, nuestra lucha no es contra sangre y carne, como nos dice el Espíritu en Efesios 6:12, sino contra los principados y potestades derrotados.

Estos principados y potestades han sido conquistados.

Su derrota se nos cuenta en Hebreos 9:12 como una redención eterna de ellos.

Usted ha sido eternamente liberado.

Ellos están eternamente derrotados, azotados, vencidos.

Usted consigue su libertad recordando estas palabras y luego actuando en consecuencia.

Simplemente rehúse quedarse en esclavitud.

Con gozo, lea este versículo: *"En quien tenemos redención por su sangre, el perdón de pecados según las riquezas de su gracia"* (Efesios 1:7).

¿No ve lo que significa? Satanás sabe que está azotado pero no quiere que usted lo sepa.

Él quiere que usted lo desconozca.

Apocalipsis 12:11 ha sido una fuente de gran consuelo para mí: *"Y ellos le han vencido por medio de la sangre del Cordero y de la palabra del testimonio de ellos".*

Esa *"palabra"*, en griego, es *logos*. "En el principio era el *logos*, y el *logos* estaba con Dios, y el *logos* era Dios".

¿Lo ve? Ellos le vencieron con la Palabra de Cristo. Eso significó que le vencieron con Cristo mismo.

Esa sangre es la base, el cimiento de nuestra victoria.

Demuestra a todo el cielo que Satanás fue derrotado, y yo actúo en base a ello.

¡Ahora grito! Si Él está por mí (y Él está por mí), entonces ¡quién en la tierra o el infierno puede estar contra mí!

¡Soy un vencedor!

Como nación, estamos ante uno de los periodos más peligrosos de nuestra vida nacional, y es necesario que se levante una compañía de hombres y mujeres que conozcan el poder del nombre de Jesús y cómo usar ese nombre contra nuestros enemigos nacionales.

Nuestro peor enemigo no es un enemigo extranjero. Es un enemigo local. Está en medio de nosotros.

Ahora usted tiene que levantarse y usar las Palabras de Dios, esas palabras que destruyen demonios; esas palabras que derrotan demonios; esas palabras que derrotan circunstancias.

Cuando entra en el trono, habla con el Padre; está llevando a su presencia su propia Palabra.

Jesús no habló más la Palabra del Padre que usted, si usa ahora su Palabra.

El Padre muestra respeto siempre a su propia Palabra. Él dice: *"Porque yo apresuro mi palabra para ponerla por obra"* (Jeremías 1:12). *"Mi palabra…no volverá a mí vacía* [o sin cumplirse]*"* (Isaías 55:11).

Entre, pues, ahí y ponga su petición sobre esa Palabra.

Me gusta pensar que las pongo sobre el nombre de Jesús, y levanto ese nombre ante Él con mi petición puesta sobre el nombre. *"Para que todo lo que pidiereis al Padre en mi nombre, él os lo dé"* (Juan 15:16).

Estamos viviendo en esta verdad viva.

Estamos aprovechándonos de sus poderosas posibilidades, y estamos osando orar; nos atrevemos a hacer frente a las huestes de las tinieblas con la conciencia de que nuestras oraciones serán respondidas, y que las fuerzas de las tinieblas son golpeadas y derrotadas.

Ya no las tenemos como doctrinas; ahora son parte nuestra.

Vivimos esas palabras y ellas viven en nosotros.

Juan 15:7 declara: *"Si permanecéis en mí, y mis palabras permanecen en vosotros, pedid todo lo que queréis, y os será hecho"*. El Padre mismo se encargará de que esas cosas sucedan.

Entienda que usted no le escogió a Él, sino que Él le escogió a usted, y le dijo que fuera y diera fruto.

Eso será fruto de la Palabra; fruto de oración.

Hemos llegado a ese lugar donde debemos cambiar la mente de hombres y mujeres a nuestro alrededor.

Hay un sentimiento espiritual de derrota en los corazones de las grandes masas en la iglesia.

Esto lo ha producido el tráfico de alcohol, los salones abiertos, las chicas que se sientan en el bar.

La prostitución y la delincuencia se han desbocado con ello.

La rebelión de los adolescentes contra la instrucción parental y su ausencia de la iglesia se ha extendido como una llaga en el corazón de la nación.

Pero ¿ha quebrado Dios? ¿Ha perdido su capacidad?

Mire al mundo pagano al que se enfrentó la pequeña iglesia.

Mire el escepticismo educacional de la nación judía.

Mire todo el cuadro negro del imperio romano.

La iglesia salió sin educar, hombres del vulgo para hacer frente a la penosa condición y sacar nuevas naciones de ella. Ellos vencieron y nosotros podemos vencer.

Debemos revisar la influencia mental del mundo.

Debemos ocupar nuestro lugar y gritar en alta voz: "Somos lo que Él dice que somos".

Podemos hacer lo que Él dice que podemos hacer.

Estamos ligados a Dios por su naturaleza. Hay una unión humana-divina entre el Padre eterno y el creyente. Nuestro espíritu tiene la energía creativa y la capacidad que hay en el Espíritu del Padre.

Estamos cumpliendo las condiciones como vencedores.

Su Palabra en nuestros labios puede derrotar a cualquier fuerza o elemento que venga contra nosotros.

Mediante su nombre todopoderoso, vamos en contra de estos problemas y los vencemos.

Puedo oírle susurrar: "Miren, estoy con ustedes; vayan, les veré allí. Yo estaré con ustedes".

De nuevo, oigo esa canción de triunfo de los siglos: *"No temas, porque yo estoy contigo; no desmayes, porque yo soy tu Dios"* (Isaías 41:10).

"El Dios que abrió el mar Rojo, que destruyó el poder de las llamas cuando esos tres chicos hebreos fueron arrojados al horno de fuego está con usted.

"Yo soy el Dios de los siglos.

"Mira, yo estoy contigo: todas mis fuerzas son para ti, y eres un vencedor delante de todos tus enemigos".

Capítulo 19

EL FIN DE LA CONDENACIÓN

El título de este capítulo probablemente nos habría confundido a algunos hace unos años, porque lo único que habíamos oído era condenación.

La mayoría de nuestros grandes evangelistas han sido predicadores de condenación, predicadores de juicio.

Pocos de ellos nos han revelado alguna vez lo que somos en Cristo. Han engrandecido el pecado por encima de la redención.

Romanos 8:1 ha sido casi un versículo desconocido: *"Ahora, pues, ninguna condenación hay para los que están en Cristo Jesús"*.

Si hubiéramos conocido que podíamos estar ante el Padre tan libremente como estaba Adán en el huerto, como lo estuvo Jesús en su caminar terrenal, la vida habría sido muy distinta.

Esta lucha tras la fe fue por un sentimiento de indignidad por nuestra parte.

Nuestros maestros han formado en nuestro interior un sentimiento de no ser justos. No hemos sabido lo que la redención significa para el creyente.

Segunda de Corintios 5:17–18 contiene la historia de la nueva creación y de la posición del hombre delante del Padre:

De modo que si alguno está en Cristo, nueva criatura es [nueva especie]; las cosas viejas pasaron; he aquí todas son hechas nuevas. Y todo esto proviene de Dios, quien nos reconcilió consigo mismo por Cristo, y nos dio el ministerio de la reconciliación.

Las cosas viejas de condenación, las cosas viejas de pecado y debilidad, de fracaso, de duda y temor han pasado, y ha venido a nosotros una nueva creación sin condenación, sin temor.

Nos hemos convertido instantáneamente en un hijo de Dios y estamos reconciliados con Él.

No hay condenación, no hay temor, no hay sensación de pecado o indignidad.

Como un niño en el seno de su madre, estamos perfectamente reposados y contentos.

No solo eso, sino que Cristo *"nos dio el ministerio de la reconciliación; que Dios estaba en Cristo reconciliando consigo al mundo, no tomándoles en cuenta a los hombres sus pecados, y nos encargó a nosotros la palabra de la reconciliación"* (2 Corintios 5:18–19).

Hemos seguido el camino de nuestros antepasados que habían desarrollado en ellos mismos un sentimiento de indignidad y pecado, de tal forma que siempre que oraban tenían que pedir perdón e implorar misericordia.

Actuaban como si nunca hubieran nacido de nuevo, como si el pecado nunca les hubiera sido quitado, y como si el Padre les mirase con recelo y duda.

¿Pero se ha fijado en el versículo 19? Él ni siquiera está imputando a los pecadores sus pecados, porque puso los pecados de todos ellos sobre Cristo.

¿Por qué debería imponernos a nosotros, sus propios hijos e hijas en Cristo, una conciencia de pecado?

No lo ha hecho.

Nosotros mismos la hemos formado en nuestro interior por nuestra ignorancia.

Nuestros pecados han sido limpiados como si nunca hubieran estado.

Ese antiguo yo malvado ha sido eliminado y un nuevo yo ha ocupado su lugar.

Somos nuevas creaciones.

Después, en 2 Corintios 5:21, dice estas palabras maravillosas: *"Al que no conoció pecado, por nosotros lo hizo pecado, para que nosotros fuésemos hechos justicia de Dios en él"*.

Y el siguiente versículo, ¿se ha fijado? *"Así, pues, nosotros, como colaboradores suyos, os exhortamos también a que no recibáis en vano la gracia de Dios"* (2 Corintios 6:1).

No podría trabajar junto a Él a menos que fuera usted justo, a menos que estuviera en comunión con Él.

Él le ha hecho mediante el nuevo nacimiento, la misma justicia de Dios en Cristo.

El problema del pecado está resuelto para el creyente.

Ahora es el problema de que yo entre en mi herencia.

Verá, participé con Él en su muerte.

Participé con Él en sus sufrimientos.

Participé con Él cuando fue hecho justo.

Participé con Él cuando fue vivificado.

Participé con Él cuando se enfrentó al adversario en las regiones oscuras y le venció.

Participé con Él cuando resucitó de los muertos.

Participé con Él en la mente de la justicia cuando se sentó a la diestra de la majestad en las alturas.

Estoy sentado ahí según su propia Palabra.

Soy libre de condenación.

Soy libre de la culpa de mi antigua conducta y mi unión con Satanás.

Acudo a Romanos 8:31 y leo lo que Él inspiró a escribir a Pablo para mí: *"¿Qué, pues, diremos a esto? Si Dios es por nosotros, ¿quién contra nosotros?"*.

Eso lo zanja todo. Puedo oírle susurrar: *"El que no escatimó ni a su propio Hijo, sino que lo entregó por todos nosotros, ¿cómo no nos dará también con él todas las cosas?"* (Romanos 8:32).

Y luego dice estas maravillosas palabras:

¿Quién acusará a los escogidos de Dios? Dios es el que justifica. ¿Quién es el que condenará? Cristo es el que murió; más aun, el que también resucitó, el que además está a la diestra de Dios, el que también intercede por nosotros.

(Romanos 8:33–34)

Después hace esta ardiente pregunta: *"¿Quién nos separará del amor de Cristo? ¿Tribulación, o angustia, o persecución, o hambre, o desnudez, o peligro, o espada?"* (Romanos 8:35).

Ninguna de estas cosas puede poner al creyente bajo condenación.

Me pregunto si ha leído Efesios 1:5–6 con atención:

En amor habiéndonos predestinado para ser adoptados hijos suyos por medio de Jesucristo, según el puro afecto de su voluntad, para alabanza de la gloria de su gracia, con la cual nos hizo aceptos en el Amado.

¿Dónde está usted? Está en el Amado.

Eso significa que usted es amado; que es parte del Amado.

Usted se identifica con Él; es uno con Él.

En el versículo 7, dice: *"En quien tenemos redención por su sangre".* Recibimos *"redención por su sangre, el perdón de pecados según las riquezas de su gracia, que hizo sobreabundar para con nosotros en toda sabiduría e inteligencia"* (Efesios 1:7–8).

No hay lugar para la condenación.

El único problema es este: ¿Hemos aprendido a caminar en comunión con Él?

¿Hemos aprendido a mantener nuestra comunión?

Esta ley está expuesta en la revelación paulina y en las maravillosas epístolas de Juan.

Debemos caminar en amor como Jesús caminó en amor.

Pero usted se pregunta: "¿Cómo puedo hacer eso?".

Usted ha recibido la naturaleza de amor del Padre, ¿no es así? Se ha convertido en un participante de la naturaleza divina. Eso es amor. *"Dios es amor"* (1 Juan 4:8, 16).

Entonces aprenda a dejar que la naturaleza de amor le domine.

Pablo dijo que mantenía su cuerpo en sujeción. Quería decir que impedía que sus sentidos le dominasen.

En cuanto a lo que el creyente respecta, el egocentrismo emana de los sentidos.

Entonces, si usted mantiene los sentidos en sujeción, cediéndole el paso al amor, caminará en comunión con Él.

Lo que hemos visto y oído, eso os anunciamos, para que también vosotros tengáis comunión con nosotros; y nuestra comunión verdaderamente es con el Padre, y con su Hijo Jesucristo. Estas cosas os escribimos, para que vuestro gozo sea cumplido. Este es el mensaje que hemos oído de él, y os anunciamos: Dios es luz, y no hay ningunas tinieblas en él. Si decimos que tenemos comunión con él, y andamos en tinieblas, mentimos, y no practicamos la verdad. (1 Juan 1:3–6)

¿Qué significa eso? Si me salgo del amor, salgo de la luz a la oscuridad. Cuando salgo de la oscuridad no sé hacia dónde voy.

Primera de Juan 2:10–11 nos dice: *"El que ama a su hermano, permanece en la luz, y en él no hay tropiezo. Pero el que aborrece a su hermano está en tinieblas, y anda en tinieblas, y no sabe a dónde va, porque las tinieblas le han cegado los ojos".*

Si rompemos la comunión, 1 Juan 1:9 dice cómo restaurarla. *"Si confesamos nuestros pecados* [cosas que hemos hecho que nos llevaron a oscuridad], *él es fiel y justo para perdonar nuestros pecados, y limpiarnos de toda maldad".*

Ahora usted puede ver que mientras sepa que es una nueva creación, habrá alcanzado el final de la condenación.

No es necesario vivir en ello otro día.

El Hijo le ha hecho libre.

Ahora viva y camine en esa libertad.

Capítulo 20

CAMINAR COMO MEROS HOMBRES

Uno de los hechos más tristes que tenemos que afrontar hoy es que los hijos de Dios, hombres con Dios en su interior, hombres con la misma naturaleza de Dios, están caminando "como meros hombres del mundo".

> De manera que yo, hermanos, no pude hablaros como a espirituales, sino como a carnales, como a niños en Cristo. Os di a beber leche, y no vianda; porque aún no erais capaces, ni sois capaces todavía, porque aún sois carnales; pues habiendo entre vosotros celos, contiendas y disensiones, ¿no sois carnales, y andáis como hombres? Porque diciendo el uno: Yo ciertamente soy de Pablo; y el otro: Yo soy de Apolos, ¿no sois carnales?   (1 Corintios 3:1–4)

Pablo veía imposible escribir acerca de los aspectos profundamente espirituales de la sustitución de Cristo.

Veía imposible escribirles acerca de la nueva creación porque vivían en el ámbito de los sentidos.

Nunca habían desarrollado su espíritu recreado.

Verá, el creyente, cuando nace en la familia, tiene una medida de fe, tiene una medida de amor; el amor de Dios es vertido en su corazón mediante el Espíritu Santo.

Pero a menos que crezca en gracia y en el conocimiento del Señor Jesucristo, a menos que estudie para mostrarse aprobado ante el Padre, sigue siendo poco espiritual.

Su espíritu nunca se cultiva, nunca se desarrolla.

Usted puede desarrollar su espíritu como puede desarrollar su mente, como puede desarrollar sus músculos físicos.

El creyente promedio nunca ha desarrollado su espíritu. Por consiguiente, su fe es débil, su amor es débil y su conocimiento a menudo está mezclado con el error.

Debe recordar que el amor no viene de las facultades racionales; tampoco la fe.

La fe y el amor nacen ambos en el espíritu humano recreado. La razón por la que Jesús dijo: *"No sólo de pan vivirá el hombre, sino de toda palabra que sale de la boca de Dios"* (Mateo 4:4) no fue para cultivar las facultades intelectuales y racionales del hombre, sino para cultivar su espíritu.

En Efesios 1:17–18, Pablo había orado que *"el Padre de gloria, os dé espíritu de sabiduría y de revelación en el conocimiento de él, alumbrando los ojos de vuestro entendimiento"*.

El corazón se llama, en Romanos 7:22, *"el hombre interior"*.

En 1 Pedro 3:4, es *"el interno, el del corazón"*.

Verá, el hombre es un ser espiritual, y la parte de él que está espiritualmente muerta es su espíritu.

Tras ser recreado, su espíritu debe ser educado, entrenado y desarrollado.

A medida que crece el espíritu en fortaleza y vigor en la Palabra, la fe se hace fuerte y el amor se convierte en el amor del Maestro.

Mientras caminemos en los sentidos y sigamos las inclinaciones de los sentidos, el espíritu no se desarrolla y estamos caminando como meros hombres.

Caminamos como si nunca hubiéramos recibido la vida eterna.

El creyente tiene posibilidades ilimitadas en esta vida divina.

Efesios 1:3 nos da un retrato del espíritu recreado desarrollado. Dice: *"Jesucristo, que nos bendijo con toda bendición espiritual en los lugares celestiales en Cristo"*.

Si tenemos esas bendiciones, entonces las inescrutables riquezas de Cristo realmente nos pertenecen.

En Efesios 3:8 Pablo dice que predicó a los gentiles las insondables riquezas de Cristo. En el versículo 12, dice: *"En quien tenemos seguridad y acceso con confianza por medio de la fe en él"*.

No hay límite para esta nueva vida.

Él dice, en Efesios 4:7: *"Pero a cada uno de nosotros fue dada la gracia conforme a la medida del don de Cristo"*.

Y en Efesios 4:1 dijo: *"Yo pues, preso en el Señor, os ruego que andéis como es digno de la vocación con que fuisteis llamados"*. Debemos caminar en amor; caminar en la plenitud de su comunión.

Debemos crecer en gracia y en el conocimiento de ella *"hasta que todos lleguemos a la unidad de la fe y del conocimiento del Hijo de Dios, a un varón perfecto, a la medida de la estatura de la plenitud de Cristo; para que ya no seamos niños fluctuantes, llevados por doquiera de todo viento de doctrina"* (Efesios 4:13–14).

Él quiere que crezcamos hasta alcanzar la plena estatura de la vida de Jesús.

Nos pertenece.

Usted puede entender que se ha convertido en un participante de la misma naturaleza del Padre, y que todo lo que Jesús compró para usted en su obra redentora está disponible para usted.

No hay fundamento que sostenga que un hombre sea débil.

No hay base para que un hombre siempre esté hablando de su falta de fe y falta de esto o de aquello, porque *"de su plenitud tomamos todos, y gracia sobre gracia"* (Juan 1:16).

En la mente del Padre, usted está completo en Él, que es la Cabeza de todo principado y potestad. Usted está completo en lo completo que es Él.

Nunca olvidaré la emoción que provocó en mi corazón Efesios 1:22–23: *"Y sometió todas las cosas bajo sus pies, y lo dio por cabeza sobre todas las cosas a la iglesia, la cual es su cuerpo, la plenitud de Aquel que todo lo llena en todo".*

Nosotros somos el cuerpo; somos los pies de Cristo.

Somos la parte del cuerpo que hace recados para el Maestro, y Él ha puesto todas las fuerzas de las tinieblas bajo nuestros pies.

Uno de nosotros podría perseguir a mil, y dos podrían hacer huir a diez mil.

La capacidad de Dios que está dentro de nosotros es totalmente ilimitada.

¿Qué vamos a hacer con un versículo como este?

Y tal confianza tenemos mediante Cristo para con Dios; no que seamos competentes por nosotros mismos para pensar algo como de nosotros mismos, sino que nuestra competencia proviene de Dios.   (2 Corintios 3:4–5)

"El cual asimismo nos hizo ministros competentes de un nuevo pacto" (2 Corintios 3:6). Esto no es algo solo para los predicadores; es para todos nosotros.

Tenemos su suficiencia; tenemos su capacidad.

Cómo me asombra cuando veo la traducción correcta de Lucas 24:49: *"Pero quedaos vosotros en la ciudad de Jerusalén, hasta que seáis investidos de poder desde lo alto".*

Este fue el mensaje de Jesús a los discípulos antes de ascender. Él quería que ellos fuesen revestidos de poder. La palabra correcta para poder significa "capacidad".

Él dice, en efecto: "Quiero que sean revestidos de la capacidad de lo alto, de la capacidad del Padre".

Puede oírle decir: "Ahora serán capaces de entender los mensajes que les he dado.

"Tendrán la capacidad para saber lo que significa la nueva creación. Tendrán la capacidad de entrar en la plenitud de esta vida divina. Tendrán la capacidad de ser mis testigos, de sanar a los enfermos, de echar fuera demonios, y de usar mi nombre contra todas las fuerzas de las tinieblas".

Conocerán lo que significa Marcos 16:17, donde Él dice: *"En mi nombre echarán fuera demonios"*.

Y Juan 16:23: *"Todo cuanto pidiereis al Padre en mi nombre, os lo dará"*.

Como ve, hasta que nuestro corazón no asimile estas verdades, caminaremos "como meros hombres".

Acuérdese de Sansón, el poderoso hombre de pacto.

Nunca ha habido un hombre como él, y sin embargo cuando ignoró los derechos de su pacto, los filisteos le capturaron, le sacaron los ojos y le hicieron su esclavo.

Los ojos del corazón de la mayoría de los creyentes son como los ojos de Sansón. Han perdido su capacidad de disfrutar de la plenitud de sus derechos en Cristo.

Juan 10:29–30 nunca ha significado nada para muchos de ellos. Permítame leérselo: *"Mi Padre que me las dio, es mayor que todos, y nadie las puede arrebatar de la mano de mi Padre. Yo y el Padre uno somos"*.

Nunca han aprendido a decir:

> Mi Padre es mayor que todo;
> Mi Padre es mayor que todo.
> Lágrimas amargas de la mitad de mi vida,
> Tentaciones y temores,
> Mi Padre es mayor que todo.

Nunca se han dado cuenta de que tenían un Padre. Solo ha sido Dios para ellos.

Nunca han susurrado: "Mi Padre, te amo".

El Padre nunca ha podido hacerse real en sus corazones porque el conocimiento de los sentidos les ha gobernado férreamente. Él es un Dios Padre y le ama.

Hebreos 7:25 nunca ha estado en el trasfondo de su conciencia como una gran fuerza viva: *"Por lo cual puede también salvar perpetuamente a los que por él se acercan a Dios, viviendo siempre para interceder por ellos".*

Cuanto más difíciles sean las circunstancias para ellos, más Él le sostiene.

Su intercesión por usted significa que no hay poder suficiente en el mundo para esclavizarle si está en comunión con el Padre. Él vive siempre para su beneficio. Él le ama.

Él se entregó por usted. Él anhela que usted responda a ese amor.

Él anhela que le mire y susurre: "Jesús, te amo".

Orientado a la redención

Al Padre le gustaría que usted fuera alguien orientado a la redención. No sé cómo puede actuar como "un mero hombre" durante más tiempo. No haga que su corazón se duela por usted por ser alguien orientado a las circunstancias, la enfermedad, el fracaso.

Él nunca creó un fracaso; Él nos hizo para la victoria. Usted tiene el poder de usar el nombre de Jesús. Úselo. Le da acceso a la misma presencia del Padre. Le da la victoria sobre la enfermedad, sobre las circunstancias, sobre las fuerzas de la oscuridad.

Usted tiene el mismo grande y poderoso Espíritu Santo que Jesús y los apóstoles tuvieron en su caminar.

Jesús es su sabiduría.

Él es hoy la fortaleza de su vida.

Usted está ahora bendecido con toda bendición espiritual.

No necesita clamar pidiendo fe, ni orar por fortaleza.

Ya lo tiene todo; todo eso le pertenece.

Ha sido bendecido con todo lo que la redención podía darle.

Me gustaría que pudiera ser consciente de la presencia del Maestro, que *"he aquí yo estoy con vosotros todos los días"* (Mateo 28:20) se convertirá solo en un hecho inconsciente, para que a pesar de lo que ocurra, usted sepa que Él está ahí.

"Y luego olvida cómo era" (Santiago 1:24).

Santiago está describiendo al "hacedor de la Palabra". Él es más que un maestro de la Palabra.

Es más que un admirador de la Palabra.

Es más que un estudiante de la Palabra.

La Palabra está viva en él.

Está viviendo para que la Palabra sea parte de su ser.

Camina en amor. Toda su conducta está gobernada por la nueva ley de la nueva creación.

No permite que sus labios pequen contra su espíritu.

Ha aprendido a medir con cuidado el valor de las palabras.

Por eso Santiago 1:22–25 se ha convertido en una sección muy seria de la Palabra para él. *"Pero sed hacedores de la palabra, y no tan solamente oidores, engañándoos a vosotros mismos"* (Santiago 1:22).

Cuántas buenas personas se han engañado a sí mismas.

Creen en las enseñanzas de su iglesia.

No estudian mucho la Palabra.

Tienen mucho cuidado con lo que dice el hombre y a menudo se niegan mucho y se ponen a sí mismos bajo esclavitud por la palabra del hombre.

Santiago está llevándonos cara a cara con el Padre mismo. Dice: *"Pero sed hacedores de la palabra"*, y por eso estudio la Palabra para descubrir lo que dice y luego hacerlo.

La ley del amor se dio para gobernar nuestra conducta entre nosotros, y por eso la estudio diligentemente.

Porque si alguno es oidor de la palabra pero no hacedor de ella, éste es semejante al hombre que considera en un espejo su rostro natural. Porque él se considera a sí mismo, y se va, y luego olvida cómo era. (Santiago 1:23–24)

Veamos qué clase de hombres somos, qué dice el Padre de nosotros.

Deberíamos hacer inventario y descubrir lo que somos en la mente del Padre.

"Porque todos los que son guiados por el Espíritu de Dios, éstos son hijos de Dios" (Romanos 8:14), o se convertirán en hijos de Dios.

Si un hombre está dispuesto a ser guiado por el Espíritu, será guiado a convertirse en un hijo.

Pues no habéis recibido el espíritu de esclavitud para estar otra vez en temor, sino que habéis recibido el espíritu de adopción, por el cual clamamos: ¡Abba, Padre! El Espíritu mismo da testimonio a nuestro espíritu, de que somos hijos de Dios. Y si hijos, también herederos; herederos de Dios y coherederos con Cristo. (Romanos 8:15–17)

Esto es lo que el Padre dice que somos.

Estamos en su familia; somos una parte del cuerpo de Cristo.

Somos lo que el Espíritu llama el hombre de la nueva creación.

Hemos pasado de estar en una relación satánica a la familia de Dios Padre.

"El cual nos ha librado de la potestad de las tinieblas, y trasladado al reino de su amado Hijo" (Colosenses 1:13).

Si eso es cierto (y lo es), entonces somos un nuevo tipo, una nueva clase de hombres.

Deberíamos estudiar la Palabra para poder conocer lo que el Padre espera de nosotros y lo que el mundo tiene derecho a esperar de nosotros. Somos un pueblo sobrenatural.

Tenemos la capacidad de Dios, la sabiduría de Dios. Tenemos la mente de Dios en su Palabra.

No deberíamos olvidar nunca "qué clase de hombres somos" (véase 2 Pedro 3:11).

No importa cuál sea la crisis; no importa qué pruebas puedan llegar a nosotros, no nos olvidamos de qué clase de hombres somos.

Verá, pertenecemos a un nuevo orden. Pertenecemos a la clase de personas que tienen derecho legal a entrar en la presencia del Padre en cualquier momento, en cualquier lugar. Y no solo tenemos el derecho, sino que tenemos una invitación para entrar confiadamente al trono de la gracia.

Somos los hombres justos.

Hemos sido justificados por la naturaleza del Padre que nos fue impartida cuando nos convertimos en nuevas criaturas. Esa justicia de Dios nos hace amos de toda fuerza fuera de Dios.

186 Realidades de la Nueva Creación

Estamos asociados con el cielo y tenemos el respaldo del cielo. Podemos oír a Pablo decir: "*Si Dios es por nosotros, ¿quién contra nosotros?*" (Romanos 8:31). Él está por nosotros; Él está de nuestro lado.

En Romanos 8:31–39, Pablo repasa todas las fuerzas que pueden ser antagonistas, que podrían venir contra nosotros, y nos muestra que podemos ser amos de todo lo que Satanás pueda traer contra nosotros. No hay un arma que tenga Satanás contra la que no resistamos.

Verá, nuestra lucha no es contra carne y sangre; no es con las cosas del conocimiento de los sentidos; es con fuerzas espirituales, y en todas estas cosas somos más que amos.

Estas no pueden separarnos del amor de Dios que es en Cristo Jesús. Si pudieran separarnos de su amor, podrían derrotarnos; pero Él nos ama y eso le hace ayudarnos, cuidarnos, vigilarnos, protegernos.

No debemos olvidar ni por un instante que el gran Espíritu poderoso que resucitó a Jesús de los muertos, la Persona que le dio al mundo su vegetación, el Poderoso, vive en nosotros, porque es Dios quien está obrando dentro de nosotros llevando a cabo su buena y agradable voluntad.

Si nos acostumbrásemos a confiar en Él como confiamos en el dinero que está en nuestra cuenta bancaria, como confiamos en nuestro automóvil cuando está lleno de gasolina y aceite, qué hombres y mujeres tan poderosos caminarían por la tierra.

El Padre sería muy real para ellos; el nombre sería muy real; habría una conciencia del hecho de que Jesús dijo: "*Toda potestad me es dada en el cielo y en la tierra*" (Mateo 28:18).

Efectivamente, Él dijo: "Vayan como mis representantes. Les daré el derecho legal a usar mi nombre. En mi nombre serán los amos de los demonios, de las enfermedades, de las leyes naturales que de ninguna manera les impedirán hacer mi voluntad".

Verá, somos los representantes legales del reino celestial.

Nunca deberíamos olvidar qué clase de hombres somos.

Enviamos a nuestro embajador a Inglaterra.

Él no debe olvidar nunca que no es un mero hombre ahora que es un representante de nuestro gobierno. Nuestro gobierno le respalda. Está diciendo las palabra que nuestro gobierno le ha dicho que diga. No está actuando por su propia iniciativa. No es un mero hombre. Es un embajador que representa a nuestro gobierno.

Yo no debo olvidar qué clase de hombre soy.

Soy un embajador de Cristo. Como embajador, tengo el respaldo de la corte suprema del universo. Tengo el respaldo de mi Padre Dios, de Jesús, del grande y poderoso Espíritu Santo y de todos los ángeles de Dios.

Como puede ver, no puedo ser un fracaso a menos que me olvide de qué clase de hombre soy.

No sé si usted se ha dado cuenta alguna vez de 1 Corintios 3:1–3: *"De manera que yo, hermanos, no pude hablaros como a espirituales, sino como a carnales, como a niños en Cristo"*.

Es como si dijera: "Me hubiera gustado poder hablarles como a hombres que saben quiénes son, lo que son y lo que pueden hacer, pero no puedo porque están viviendo en el ámbito de los sentidos".

No tienen confianza en las grandes realidades espirituales a las que están unidos.

Están viviendo como bebés.

No parecen entender la realidad de su unidad con la Deidad.

Pablo clama: *"Os di a beber leche, y no vianda; porque aún no erais capaces, ni sois capaces todavía"* (1 Corintios 3:2).

Qué patética confesión.

Qué confesión tan humillante, cuando por el tiempo que tenían como creyentes deberían aprovecharse ya de lo que eran en Cristo pero no lo habían hecho.

Se habían conformado con escuchar las voces de hombres, con leer la literatura de los hombres, pero habían ignorado la literatura del cielo, la voz de Aquel que resucitó a Jesús de la muerte.

El siguiente versículo vierte luz al respecto. Él dijo: *"Porque aún sois carnales; pues habiendo entre vosotros celos, contiendas y disensiones, ¿no sois carnales, y andáis como hombres?"* (1 Corintios 3:3).

O como lo dice otro: "Su conducta es la conducta de meros hombres cuando deberían caminar como hijos de Dios".

Deberían ser amos en lugar de esclavos.

Cada uno de ustedes podía ser un líder. En vez de eso, están siendo guiados, pero no guiados por Dios. Están siendo guiados por el conocimiento de los sentidos; por consiguiente, toda su vida está desfigurada.

Han perdido la conciencia de ser lo que son, y cuando llega la enfermedad se ven en un dilema; no saben qué hacer; su corazón se llena de temor.

Nunca han ocupado su lugar en Cristo.

Nunca le han sacado partido a sus derechos y privilegios en Cristo.

Nunca han reivindicado sus derechos como un hijo en la familia.

Inconscientemente se han relegado al lugar de un siervo.

Están dependiendo de otras personas, y cuando llega el problema de fe, hablan de su incredulidad y carencia.

Usted es un autoestopista espiritual. Tiene la capacidad de Dios, pero no la usa.

Tiene esta Palabra viva de Dios.

Es alguien idóneo para sacarle partido a los privilegios que pertenecen a los hijos de Dios, y sin embargo está viviendo como un mero hombre. Se ha olvidado de qué clase de hombre es.

Hebreos 5:12–14 describe a este tipo de creyente.

Porque debiendo ser ya maestros, después de tanto tiempo, tenéis necesidad de que se os vuelva a enseñar cuáles son los primeros rudimentos de las palabras de Dios; y habéis llegado a ser tales que tenéis necesidad de leche, y no de alimento sólido. (Hebreos 5:12)

Esto es hablar claro. Es el corazón del Padre acercándose a sus despreocupados y desconsiderados hijos, y Él dice: "Tuvieron tiempo más que suficiente".

"Podrían haber tomado cursos en el estudio de la Palabra.

"No era necesario que fueran a una escuela bíblica; podían haber tomado cursos por correspondencia.

"Podían asistir a clases bíblicas probablemente en su propia iglesia o en su propia comunidad.

"Incluso se han olvidado de las enseñanzas, de los primeros principios de la nueva creación.

"Se les ha olvidado que han pasado de muerte a vida. Se les ha olvidado que son una nueva creación creados en Cristo Jesús.

"Se les ha olvidado que están atados a Dios, que son partícipes de la naturaleza divina.

"Se les ha olvidado que tienen dentro de ustedes la vida misma de Dios, y tienen a su disposición al gran Paracletos, el Consolador, el Espíritu Santo".

Él está listo para entrar y tomar posesión de usted y de ser su Maestro y su Guía y su Consolador. Ha sido más fácil para usted leer acerca de la Biblia que convertirse en un estudiante de la Biblia y estudiar para mostrarse aprobado ante Dios en esta Palabra viva.

Ha llegado a un lugar donde tiene necesidad de leche. Necesita un tratamiento de bebé y cuidados de bebé. Eso es algo triste.

Y luego Él dice: "*Y todo aquel que participa de la leche es inexperto en la palabra de justicia, porque es niño*" (Hebreos 5:13).

Usted nunca se ha ejercitado para discernir entre el bien y el mal. Y esto no se refiere a distinguir entre pecado y justicia, sino entre las fuerzas de Dios y las fuerzas del mal que pueden venir a usted disfrazadas.

Usted ha vivido en la línea fronteriza entre lo bueno y lo malo.

Se ha estado preguntando: *¿Está bien hacer esto? ¿Debería hacer eso?* Estas son preguntas de un bebé en Cristo.

No ha habido crecimiento, ni desarrollo, y si alguien preguntase: "¿Es usted creyente?", es probable que usted respondiera: "Bueno, estoy intentando serlo".

Verá, no existe el concepto de que un creyente intente ser un creyente, así como no es posible que un chico intente ser chico. Es un chico. Lo único que puede hacer es decidir ser un mejor chico.

Si usted dice que está intentando ser creyente, entonces no es un creyente. Está fuera.

Nunca ha recibido vida eterna.

Su espíritu nunca ha sido recreado.

Así que es vitalmente importante que estudie la Palabra para descubrir qué clase de hombre es, cómo el Padre le ve y lo que espera de usted.

Capítulo 21

CREER EN SU SUSTITUCIÓN

Cuando usamos el hecho de su sustitución como usamos un puente, o un ascensor, entonces la Palabra se convierte en una realidad.

Nunca pensamos en la fe cuando tomamos un ascensor o el tren. Simplemente los usamos.

Si fuéramos conscientes de nuestra nueva creación, conscientes del hecho de que somos una nueva creación y tenemos la naturaleza y la vida del Padre en nosotros, como lo somos de las cosas de los sentidos, entonces caminaríamos en victoria.

Usted no puede ser consciente de que Dios está dentro de usted sin ser un vencedor. Entonces 1 Juan 4:4 se convierte en una realidad. Observe ahora: *"Hijitos, vosotros sois de Dios"*. Permita que esto cale en la conciencia de su espíritu.

Dígalo una y otra vez: "Yo soy de Dios; he nacido de lo alto; he nacido de Dios; soy una nueva creación, creado en Cristo Jesús. Soy amo de todo aquello conectado con la vieja creación. Satanás no tiene dominio sobre la nueva creación. No tiene dominio sobre mí. Ese hombre interno del corazón, mi espíritu, el verdadero yo, es una nueva creación. Las cosas viejas pasaron".

El antiguo hombre con sus debilidades, sus fallos, sus dudas, sus temores y su sentimiento de servidumbre a las circunstancias se ha ido, y el nuevo espíritu, el nuevo hombre en Cristo, ahora es amo donde el otro era esclavo.

Esta nueva creación está redimida de las manos de sus enemigos. Puedo oír a Pablo susurrar: "En quien tengo mi redención". (Véase Efesios 1:7).

Usted verá que esa verdad se está convirtiendo en una realidad.

Ahora puedo entender la siguiente frase en 1 Juan 4:4: *"Porque mayor es el que está en vosotros, que el que está en el mundo".*

Tengo la vida y naturaleza de Dios en mí. Eso me hace una nueva creación.

He invitado al que resucitó a Jesús de la muerte para que haga su hogar en mí, y Él está ahí.

Cuando empiezo a estudiar la Palabra, siempre llamo su atención a ese hecho.

Cuando tengo que mandar o predicar, digo: "Espíritu Santo, esta es tu oportunidad. Ahora habla a través de mí; piensa a través de mí; vive en mí. Revela a Jesús a través de estos labios".

Verá, la gran sustitución es nuestra. Él es nuestro. Su capacidad es nuestra.

Todo lo que Él hizo es nuestro, así como nuestras manos y nuestros pies son nuestros.

Nos miramos ahora como una nueva creación. Nos han sacado de la esfera de la muerte de manera tan real como Jesús lo fue cuando resucitó de la muerte. Su cuerpo fue sacado del ámbito de la muerte física; nuestro espíritu ha sido sacado del ámbito de la muerte espiritual.

En la mente de la justicia, hemos resucitado con Él. En realidad, cuando nos convertimos en nuevas creaciones pasamos de muerte a vida. Dejamos el ámbito de la muerte espiritual. Dejamos el dominio de la muerte, la familia de Satanás. Juan 5:24 se ha convertido en una realidad: *"El que oye mi palabra, y cree al que me envió, tiene vida eterna; y no vendrá a condenación, mas ha pasado de muerte a vida"*.

Como ve, al nacer salimos de la muerte espiritual para entrar en el ámbito de la vida espiritual. Salimos de la autoridad y el dominio de Satanás, y hemos sido trasladados al reino del Hijo de su amor, en quien tenemos redención, la remisión de nuestros pecados. Es una redención acorde con las riquezas de su gracia, su amor, su capacidad.

En verdad hemos pasado a la familia de Dios. Dios es ahora nuestro Padre. Nosotros somos sus hijos. Cuando eso ocurrió, nos comenzaron a ver como los hijos de Dios en libertad, porque Cristo nos ha liberado. Jesús se ha convertido en nuestra justicia. Mediante el nuevo nacimiento, nos convertimos en participantes de la naturaleza divina; nos convertimos en la justicia de Dios en Cristo.

Eso significa que podemos estar en la presencia del Padre con la misma libertad que tuvo Jesús. Antes de ese tiempo, teníamos una conciencia de pecado desarrollada en nosotros por la muerte espiritual. Ahora tenemos conciencia de la vida eterna.

Somos los hijos e hijas de Dios. Hemos estado creciendo en ser conscientes de nuestra justicia y estamos comenzando a ocupar nuestro lugar y a actuar como hijos e hijas. Al actuar en la Palabra, tenemos experiencia en la justicia.

Qué vitalmente necesario es que estemos experimentados en la Palabra que nos ha enseñado acerca de la justicia y a ocupar nuestro lugar en justicia.

Me pregunto si entiende usted a lo que me refiero.

Verá, cuando Jesús comenzó su ministerio público, Él era realmente la justicia de Dios revelada.

Jesús no tenía sentimiento de pecado, ni sentimiento de inferioridad.

Era un superhombre. Era Amo de los demonios.

Era Amo de la enfermedad y las dolencias.

Era Amo de la carencia y el hambre.

Bien, cuando usted y yo acudimos a Cristo, Él se convirtió en nuestra justicia, y entonces, mediante la nueva creación, nos convertimos en la justicia de Dios en Él.

No nos enseñaron acerca de nuestra justicia.

No nos enseñaron acerca de nuestra libertad en Cristo.

No sabíamos que éramos amos de los demonios en el nombre de Jesús.

No sabíamos que teníamos autoridad sobre toda la autoridad del enemigo.

No sabíamos que podíamos estar en la presencia del Padre con la misma libertad que tuvo Jesús, sin ningún sentimiento de inferioridad, sin ninguna indignidad, que éramos los hijos e hijas de Dios.

Jesús no tenía miedo del adversario.

Esa es una de las cosas que me impactó más en esos primero días de mi estudio. Jesús podía estar ante el mismo diablo sin ningún temor. Él no tuvo miedo cuando estuvo junto a la tumba del difunto Lázaro, pero mire, yo me asusté por Él.

En mi imaginación, yo estuve ahí. Era un escena muy gráfica, y veía al Maestro mientras se juntaba la multitud, y le oí decir, con voz alta: "¡Retiren la piedra!".

Después mi corazón susurró tiernamente: "Maestro, mejor que lo pienses bien, ahora; lleva cuatro días enterrado; lleva muerto casi una semana. Marta te ha dicho que *"hiede ya"* (Juan 11:39), pero Él interrumpió mi pensamiento y volvió a gritar: "*¡Lázaro, ven* *fuera!"* (Juan 11:43). Marta intentó detenerlo, pero era demasiado tarde. Jesús dijo: *"Desatadle, y dejadle ir"* (Juan 11:44), y del sepulcro salió el hombre cuyo cuerpo se estaba descomponiendo.

¿Porqué Jesús no tenía nada de miedo? Porque era la justicia de Dios. Eso es todo.

No tenía sentimiento de pecado. No tenía sentimiento de condenación.

Si el creyente supiera que es la justicia de Dios como Jesús lo sabía, usaría el nombre de Jesús con una valentía que impresionaría al infierno y bendeciría a la humanidad.

Jesús dijo después de resucitar de los muertos:

+ "Toda potestad me es dada en el cielo y en la tierra; soy la cabeza de la iglesia. (Véase Mateo 28:18).

+ "Ahora les doy el derecho legal a usar mi nombre, y toda esta potestad está en ese nombre. *'En mi nombre echarán fuera demonios'* (Marcos 16:17).

+ "Verán, les he dado autoridad sobre Satanás.

+ "Les he dado dominio sobre toda obra que ha hecho. 'Yo vine', dijo el Maestro, 'para destruir las obras del diablo'. (Véase 1 Juan 3:8).

+ "Lo estoy dejando todo en sus manos".

Si un creyente desarrolla una conciencia de la justicia, del Hijo, Satanás le tendrá miedo.

Satanás sabe que en cuanto la iglesia sea consciente de la realidad de la redención, en ese momento su reino sobre la tierra estará interrumpido.

Jesús nunca nos habría dado la invitación en Hebreos 4:16, *"acerquémonos, pues, confiadamente al trono de la gracia"*, a menos que Él hubiera esperado que ocupásemos nuestro lugar y desempeñásemos la parte que nos pertenecía.

Verá, nosotros somos lo que Él dice que somos.

Deberíamos aprender a usar ese nombre como usamos nuestro propio nombre, a usar la oración como usamos un automóvil.

En cuanto pensemos en esos grandes problemas, se volverán nuestros.

El problema es que nos los han enseñado como doctrinas.

Han sido una parte de un credo que hemos creído, y la mayoría de nosotros nos hemos unido a esa iglesia que tiene ese credo.

Ese credo ha encerrado a Jesús de tal forma que no puede hacer nada, y nos ha encerrado a nosotros en una conformidad al mundo que nos hace inútiles.

Lo que Él está tratando de hacer estos días es liberarnos, soltarnos de la esclavitud que nos ha esclavizado durante estos años.

La revelación paulina no es un conjunto de doctrinas. Es tan solo el Padre hablándonos mediante Pablo, revelando lo que nos pertenece en Cristo.

Capítulo 22

EL REPOSO DE LA REDENCIÓN

Pocos conocemos la realidad del reposo mencionado en Hebreos 4:1: *"Temamos, pues, no sea que permaneciendo aún la promesa de entrar en su reposo, alguno de vosotros parezca no haberlo alcanzado".*

Cuando Jesús hubo terminado su obra, se sentó a la diestra de la majestad en las alturas. (Véase Hebreos 1:3). También, Hebreos 8:1: *"Ahora bien, el punto principal de lo que venimos diciendo es que tenemos tal sumo sacerdote, el cual se sentó a la diestra del trono de la Majestad en los cielos".*

También Hebreos 10:12: *"Pero Cristo, habiendo ofrecido una vez para siempre un solo sacrificio por los pecados, se ha sentado a la diestra de Dios".*

Terminó su obra.

Su obra se realizó por nosotros, no por Él mismo.

Él entró en su reposo.

Y en Hebreos 4:3: *"Pero los que hemos creído entramos en el reposo".*

Y en Hebreos 4:11: *"Procuremos, pues, entrar en aquel reposo, para que ninguno caiga en semejante ejemplo de desobediencia [o incredulidad]".*

Ese es el reposo de la fe. Es el final de la preocupación y la lucha.

Usted ya no busca fe o poder.

Se ha convertido en uno con Él.

Ha llegado a apreciar la obra que Él hizo por usted, y la obra que el Espíritu Santo, a través de la Palabra, ha hecho en usted.

He llegado a saber que usted es lo que Él dice que es en Él.

Usted sabe que es una nueva creación.

Sabe que ha pasado de muerte a vida.

Sabe que tiene la misma vida y naturaleza del Padre en usted.

Sabe que, como Él está ahora a la diestra del Padre, usted está aquí abajo en la tierra.

Sabe que es parte del cuerpo, un miembro del mismo.

Sabe que fue resucitado juntamente con Él.

Sabe que a pesar de lo que pudiera llegar a su vida, usted es más que vencedor.

Estos son hechos que usted conoce.

Ahora entra en su reposo, el reposo que Él compró para usted.

Ha llegado al final del camino de la preocupación.

Ahora está tan identificado con Él, tan unido a Él, que el Padre le mira como mira a su primogénito, y por eso, la paz que sobrepasa todo entendimiento llena su ser.

Recuerde Filipenses 4:6–7. Debiéramos convertirnos en maestros de este versículo, y este versículo debería convertirse en nuestro amo. Observe lo que dice: *"Por nada estéis afanosos [ansiosos]"*. ¿Se da cuenta? Usted está en un lugar de reposo. *"Sino sean conocidas vuestras peticiones delante de Dios en toda oración y ruego, con acción de gracias"*.

¿Por qué está lleno de agradecimiento? ¿Por qué está su corazón lleno de paz y reposo? ¿Por qué tiene tanto gozo? Porque sabe que cualquier cosa que pida al Padre en el nombre de Jesús, Él se lo dará. Incluso a Israel, Dios le dijo: *"Clama a mí, y yo te responderé, y te enseñaré cosas grandes y ocultas que tú no conoces"* (Jeremías 33:3).

Usted no está bajo la ley; usted es un hijo. Es un heredero; usted es un miembro del cuerpo, y Él le ha invitado a entrar confiadamente en el trono de la gracia, y usted se ha acostumbrado a estar en su presencia.

Así que ahora ya no está ansioso; ha creído.

Sé que el niño está enfermo. Los doctores le han desahuciado, pero usted oró por él.

Su corazón está lleno de agradecimiento y está alabando al Padre.

Sus familiares y seres queridos no le entienden.

Ellos susurran que mamá no está bien.

No es cierto; usted está bien porque Él está con usted. El *"he aquí yo estoy con vosotros todos los días"* (Mateo 28:20) es una realidad para usted.

Usted ha entrado en su reposo.

Sabe que ninguna palabra de Dios carece de cumplimiento, y que en cada palabra está la capacidad de hacer bien.

Usted ha orado y le ha dado gracias por la respuesta. La respuesta es tan segura como que el sol está brillando por la mañana. Ha dado a conocer sus peticiones al Padre y ahora el milagro se produce. La paz de Dios que sobrepasa todo entendimiento se ha apoderado de su corazón y sus pensamientos en Cristo Jesús. Usted no tiene ningún pensamiento de preocupación o ansiedad. No tiene ninguna carga.

Primera de Pedro 5:7 ilustra esto perfectamente: *"Echando toda vuestra ansiedad sobre él, porque él tiene cuidado de vosotros"*.

Usted no está interesado en el rugir del adversario, ni el que sus amigos le cuestionen, o en las dudas de otras personas. Usted sabe que su expectativa proviene de Él. Descansa en su Palabra. Ha entrado en el reposo de Dios.

Cuando Jesús oró, eso lo dejó todo zanjado. Ya no era necesario volver a hablar de ello. La respuesta estaba dada.

"Que todo cuanto pidiereis al Padre en mi nombre, os lo dará" (Juan 16:23). Eso lo zanja todo.

Usted pidió, ¿no es así? Pues bien, la respuesta viene de camino. Ahora no se preocupa por nada.

Sabe que usted y el Padre están trabajando juntos. Ellos no pueden atraparle en sus circunstancias.

No lo digo porque tenga escasez, pues he aprendido a contentarme, cualquiera que sea mi situación. Sé vivir humildemente, y sé tener abundancia; en todo y por todo estoy enseñado, así para estar saciado como para tener hambre, así para tener abundancia como para padecer necesidad. Todo lo puedo en Cristo que me fortalece. (Filipenses 4:13)

Verá, usted ha llegado a un lugar en el que las circunstancias ya no le asustan, donde la palabra del hombre no es sino la palabra del hombre para usted.

La palabra de un doctor es solo la palabra basada en la evidencia de los sentidos.

La Palabra de Dios vive y mora.

La Palabra de Dios le está hablando.

Para usted, la Palabra y Dios son uno.

Usted no ha aprendido a separar a Jesús de sus palabras.

"Las palabras que yo os he hablado son espíritu y son vida" (Juan 6:63). Es decir, tratan con la naturaleza de su espíritu y dan vida, victoria, paz y reposo a su alma.

Usted está descansando en la Palabra.

Antes descansaba en la palabra del hombre, pero ha descubierto que no había reposo para usted.

Ahora está descansando en el reposo de Dios.

Verá, es el fin del temor a Satanás porque ha sido derrotado.

Es el fin del temor a la enfermedad, porque por sus llagas usted es sanado.

Es el fin de su carencia; su temor ya no es tal. *"Vuestro Padre celestial sabe que tenéis necesidad de todas estas cosas"* (Mateo 6:32).

La carencia y el temor han dejado de existir para usted. Nunca piensa en su debilidad, porque Jesús se ha convertido en su capacidad.

El que es más grande vive en usted.

Es el final de la ignorancia. Ha estudiado la revelación paulina hasta que se ha convertido en una parte de su conocimiento, de su misma vida.

Colosenses 1:9 debería ser una parte de su vida. Dice: *"Por lo cual también nosotros, desde el día que lo oímos, no cesamos de orar por vosotros, y de pedir que seáis llenos del conocimiento de su voluntad en toda sabiduría e inteligencia espiritual".*

¿Puede ver la amplitud de eso?

Usted conoce su voluntad. Está lleno del mismo *"conocimiento"* de la voluntad del Padre en toda su vida.

Está lleno de sabiduría para usar el conocimiento que ha obtenido a través del estudio de la Palabra. Esa sabiduría le ha capacitado para caminar digno del Señor en todo lo bueno.

Ha llegado a ese lugar donde está dando fruto en toda buena obra.

Es el fruto de la justicia. Se ha hecho un experto en la Palabra de justicia.

Usted conoce sus derechos y privilegios ante el trono, y tiene la valentía de la fe para entrar en la presencia del Padre, en cualquier momento, en cualquier lugar, y dar a conocer sus peticiones.

Usted sabe estar en el trono visitando al Padre y a Jesús.

Está más familiarizado con el Padre y con Jesús que con los que se ha asociado durante años.

Oigo su corazón susurrar: "Conozco a aquel en quien he creído".

Ahora usted camina digno del Señor y le está agradando. Se ha convertido en alguien que agrada al Padre, como lo hacía Jesús. "*Yo hago siempre lo que le agrada* [al Padre]", dijo el Maestro (Juan 8:29).

Usted está creciendo, según estudia la Palabra, en ese conocimiento exacto del Padre.

Es una vida maravillosa la que está viviendo porque el Maravilloso está en usted.

El Maravilloso es su Maestro.

Pero oiga Colosenses 1:11: "*Fortalecidos con todo poder, conforme a la potencia de su gloria*". Esto le ha dado firmeza.

Cuando otras personas se desmoronan y se hunden, usted se mantiene firme; es inconmovible. Siempre está abundando en la obra del Señor.

Está fortalecido para soportar.

Las personas no pueden entender cómo puede con todo.

Usted les susurra: "Todo me ayuda a bien, porque estoy en su voluntad (véase Romanos 8:28), y las mismas circunstancias que les roban a ustedes su reposo, aumentan mi reposo. La misma oposición que destruyó su fe, edifica la mía; y ustedes no entienden por qué estoy lleno de gozo inexplicable y lleno de gloria. Él y yo trabajamos juntos. Soy participante de su fe. Respiro su misma vida".

Había una firmeza y quietud en Jesús que ha dejado de ser una maravilla para mí.

Se ha convertido en mi mismo gozo porque he entrado en él, y estoy creciendo continuamente en este mismo conocimiento de mis derechos y privilegios en Cristo.

Esta es la razón por la que "doy gracias al Padre que me ha dado la capacidad para disfrutar de mi parte de herencia de los santos en luz".

Verá, no solo lo disfruto sino que puedo hablar a otros y darles hambre de ello, y luego puedo mostrarles el secreto de entrar en ello.

Recuerda Colosenses 2:2, ¿verdad? *"Para que sean consolados sus corazones, unidos en amor, hasta alcanzar todas las riquezas de pleno entendimiento".*

"De pleno entendimiento", esto es maravilloso, ¿no cree?

Eso le hace pensar en Colosenses 2:9–10: *"Porque en él habita corporalmente toda la plenitud de la Deidad, y vosotros estáis completos en él".*

Él me hizo así. Yo no podría hacerlo.

Él me sacó y edificó su plenitud, su totalidad en mí.

Ahora me gozo en el *"pleno entendimiento, a fin de conocer el misterio de Dios el Padre, y de Cristo"* (Colosenses 2:2).

Ahora oiga este tercer versículo: *"En quien están escondidos todos los tesoros de la sabiduría y del conocimiento".*

Ahora voy a llevarle de regreso a Proverbios 20:27: *"Lámpara de Jehová es el espíritu del hombre, la cual escudriña lo más profundo del corazón".*

Todos los tesoros de la sabiduría y conocimiento, de amor y gracia son cámaras de Cristo de tesoros escondidos. Él iluminó mi espíritu como una lámpara y descendí a las cámaras de Cristo de tesoros escondidos, y encontré las riquezas de su gracia.

Me convertí en un explorador de las cosas escondidas de Cristo, y su luz iluminó el camino hacia ellas.

Ahora me convierto en poseedor de esas riquezas. Son mías y vivo en la plenitud de mis riquezas en Cristo.

Mire, ellas nos pertenecen. No hay lugar para la pobreza en Él.

El Padre nunca me hizo ser un cristiano débil. Él no se agrada en nuestra debilidad.

Algunos hemos pensado que todas las pruebas que nos vienen, Dios las envía. No es cierto.

El Padre no necesita al diablo para purificar y hermosear a los suyos.

No, estas pruebas y dificultades son inspiradas por Satanás, y Dios nos ha dado la capacidad de saber esto ahora, y por eso estamos ocupando nuestro lugar y reprendiendo al autor de nuestros problemas y ordenándole que nos deje tranquilos.

Hemos encontrado una extraña y dulce quietud en el corazón del amor. Verá, hemos entrado en nuestro reposo.

No hay incredulidad en nuestro corazón.

Por muy grande que algo sea, por muy difícil que sea para el razonamiento humano, aunque el conocimiento de los sentidos lo rechace muchas veces, estoy persuadido por la misma Palabra viva de que Él es capaz de guiarme a todas las riquezas de la obra terminada de Cristo, y como sé esto, he entregado mi espíritu al señorío de amor.

He permitido que la Palabra more en mí abundantemente, y he llegado a conocer la realidad de estas verdades poderosas de redención.

Capítulo 23

"CONSUMADO ES"

Quizá ninguna frase de los labios del Maestro se ha malinterpretado tanto como la que pronunció en la cruz: *"Consumado es"* (Juan 19:30).

La mayoría hemos pensado que se refería a que había terminado su obra redentora, pero esto no es cierto.

Su obra como sustituto tan solo estaba comenzando, y no se consumó hasta que su sangre fue aceptada en la corte suprema del universo, y se sentó a la diestra de la Majestad en las alturas.

Pero usted pregunta, *¿A qué se refería cuando dijo:* "Consumado es"?

Se refería a que había cumplido el pacto abrahámico, del que, como recordará, formaba parte.

Él nació del linaje de Abraham.

Fue circuncidado de niño y entró en el pacto abrahámico.

Había crecido bajo las leyes que gobernaban al pueblo israelita, que eran hijos del pacto.

Hay solo dos pactos reales en la Palabra, el antiguo pacto y el nuevo, el pacto abrahámico y el nuevo pacto en Cristo.

Dios cortó ese primer pacto con Abraham.

¿Por qué usamos la frase "cortar un pacto"? Porque la palabra hebrea significa "cortar un pacto".

Casi todos los pactos hechos entre los hombres narrados en las Escrituras y guardados por los pueblos primitivos, se solemnizaban mediante la sangre.

Stanley nos da imágenes muy gráficas de pactos que cortó con los jefes en el corazón de África. Cuando los preliminares se habían terminado, el compañero de Stanley ofrecía su muñeca al sacerdote, que hacía una incisión. El hijo del jefe que iba a ser su representante, ofrecía su muñeca y brotaba la sangre. Después se frotaban las dos muñecas una contra otra y ambos probaban la sangre del otro. Ahora estos dos hombres se convertían en hermanos de sangre. Stanley y ese jefe se habían convertido en hermanos de sangre por sustitución.

En África, Stanley y Livingston ambos confesaron que nunca habían conocido un pacto solemnizado como este que se hubiera roto. Si un hombre lo rompía, sellaría su propia garantía de muerte, porque la tribu no le permitiría vivir y maldecirles.

Por eso el pacto abrahámico era el pacto más sagrado conocido para los pueblos primitivos. La circuncisión les permitía entrar en el pacto, porque cuando un hijo era circuncidado, el sacerdote tocaba esa sangre con su lengua y ese niño se convertía en un hijo del pacto abrahámico.

Cuando Israel había cruzado el mar Rojo y había entrado en el desierto, Dios les dio una ley: los Diez Mandamientos. Era la ley del pacto. Les dio un sacerdocio, porque la ley fue quebrantada y significaba la muerte de todos ellos. Así, con el sacerdocio llegó la expiación, una cobertura para esa ley rota, porque la palabra hebrea traducida como expiación significa "cubrir". Realmente, no tiene otro significado.

Los teólogos han leído todo tipo de cosas en la expiación, pero refleja simplemente una cobertura para Israel porque estaban espiritualmente muertos. Han roto la ley y significaba muerte para ellos si no se cubría.

Así, cuando llegó Jesús, su primera obra fue cumplir el pacto abrahámico y ponerlo a un lado.

Después, el sacerdocio, el sacrificio y la ley se cumplieron y se pusieron a un lado.

El libro de Hebreos cubre esto con mucha claridad.

Romanos y Gálatas también demuestran, sin ninguna sombra de duda, que Jesús cumplió ese primer pacto, la ley, el sacerdocio y los sacrificios, de tal forma que cuando estaba en la cruz, pudo decir: *"Consumado es"*.

La obra que no se había terminado aún hasta que se sentara a la diestra del Padre fue su obra como sustituto. Tuvo que morir por los pecados bajo el primer pacto, y tuvo que morir por nuestros pecados, para que su sustitución señalara en ambas direcciones, desde la incepción del pacto abrahámico, hasta el gran trono blanco del juicio.

En otros capítulos de este libro le hemos mostrado cómo estábamos identificados con Cristo en su sustitución, porque Él murió como nuestro sustituto.

Él sufrió como nuestro sustituto.

Nuestras iniquidades y nuestras enfermedades se pusieron sobre Él.

Él fue hecho pecado con nuestro pecado.

Los teólogos nos dicen que le fueron "imputados".

Si solo le fueron imputados, entonces la redención solo se nos imputa a nosotros y no estamos redimidos. Si la justicia solo se nos imputa, entonces la vida eterna y la nueva creación solo se nos imputan.

En 1 Corintios 15:3, dice que Él murió por nuestros pecados: *"Porque primeramente os he enseñado lo que asimismo recibí: Que Cristo murió por nuestros pecados, conforme a las Escrituras"*.

"Al que no conoció pecado, por nosotros lo hizo pecado, para que nosotros fuésemos hechos justicia de Dios en él" (2 Corintios 5:21).

Pero ahora, aparte de la ley, se ha manifestado la justicia de Dios, testificada por la ley y por los profetas; la justicia de Dios por medio de la fe en Jesucristo, para todos los que creen en él. Porque no hay diferencia, por cuanto todos pecaron, y están destituidos de la gloria de Dios, siendo justificados gratuitamente por su gracia, mediante la redención que es en Cristo Jesús, a quien Dios puso como propiciación por medio de la fe en su sangre, para manifestar su justicia, a causa de haber pasado por alto, en su paciencia, los pecados pasados, con la mira de manifestar en este tiempo su justicia, a fin de que él sea el justo, y el que justifica al que es de la fe de Jesús.

(Romanos 3:21–26)

Esto muestra más allá de toda sombra de duda que Cristo realmente fue nuestro sustituto, que ocupó nuestro lugar, pagó el castigo de los pecados bajo el primer pacto, y cumplió las demandas de la justicia por nosotros para que el nuevo nacimiento se pudiera convertir en un hecho legal.

Él no solo ha hecho nuestra redención y nuestra justicia un hecho legal, sino que hizo posible que Dios nos pudiera recrear, aceptarnos en su familia, honrarnos como hijos e hijas en términos legales.

Cuando estaba en la cruz y Jesús dijo: *"Consumado es"*, comenzamos a entender que no hacía referencia de ningún modo al problema del pecado, al problema de la redención y al hecho de reducir a la nada a Satanás, como nos dice Pablo en Hebreos 2:14.

Quiero que entienda claramente que hay tres fases de la obra de Cristo conectadas con nuestra redención.

Primero, fue su obra lo que llevó a cabo en su caminar terrenal, tratando el primer pacto y todo lo perteneciente al mismo.

Segundo, su obra sustitutoria que comenzó cuando fue hecho pecado en la cruz y fue consumada cuando llevó su sangre al lugar santísimo celestial y fue aceptada ahí por nosotros.

Y tercero, su ministerio hoy a la diestra de la Majestad en las alturas.

Ese ministerio tiene que tratar la preservación y el cuidado de la iglesia.

Él está ahí como nuestro gran Sumo Sacerdote, como la certeza del pacto, como nuestro Salvador, como nuestro Mediador, nuestro Abogado y nuestro Señor.

Capítulo 24

JESÚS A LA DIESTRA DEL PADRE

Varias veces, la Palabra nos dice que Jesús se sentó a la diestra de la Majestad en las alturas.

Hebreos 1:3 es una buena ilustración:

El cual, siendo el resplandor de su gloria, y la imagen misma de su sustancia, y quien sustenta todas las cosas con la palabra de su poder, habiendo efectuado la purificación de nuestros pecados por medio de sí mismo, se sentó a la diestra de la Majestad en las alturas.

De nuevo, en Hebreos 8:1–2:

Ahora bien, el punto principal de lo que venimos diciendo es que tenemos tal sumo sacerdote, el cual se sentó a la diestra del trono de la Majestad en los cielos, ministro del santuario, y de aquel verdadero tabernáculo que levantó el Señor, y no el hombre.

Hay otra expresión conectada con su ministerio celestial que debemos ver esta frase: *"Entró una vez para siempre en el Lugar Santísimo, habiendo obtenido eterna redención"* (Hebreos 9:12).

Fue un ministerio de *"una vez para siempre"*.

Hebreos 7:27 nos da la misma idea: *"Porque esto lo hizo una vez para siempre, ofreciéndose a sí mismo"*.

Estas dos expresiones están conectadas con su ministerio celestial.

Recordará que hay dos fases del ministerio de Cristo.

Una es su obra sustitutoria desde la cruz hasta que resucitó de la muerte.

En esos tres días y tres noches, resolvió el problema del pecado, venció al adversario, hizo que el nuevo nacimiento fuera posible e hizo que la justicia estuviera disponible para todas las personas que reciban la vida eterna.

Su obra a la diestra del Padre es lo que podríamos llamar una obra diversa.

Debemos aprender a apreciar el valor de su ministerio ahora a la diestra del Padre por nosotros.

Él me lo reveló muy claramente, que si Jesús hubiera detenido su obra después de haber hecho este gran ministerio de sustitución desde la cruz hasta su resurrección, si todo hubiera terminado ahí, nadie podría haber sido salvo jamás.

El siguiente paso en el drama tenía que ser llevar su sangre al lugar santísimo celestial y hacer la redención eterna para nosotros.

Recuerde Juan 20:17, cuando María le vio, se postró a sus pies e intentó asirlos. Jesús le dijo, con ternura: *"No me toques, porque aún no he subido a mi Padre"*.

¿Qué quiso decir? Se levantó como el Señor Sumo Sacerdote.

Recordará en Mateo 28:5-6, que el ángel les dijo a las mujeres que fueron al sepulcro: *"No temáis vosotras; porque yo sé que buscáis a Jesús, el que fue crucificado. No está aquí, pues ha resucitado, como dijo. Venid, ved el lugar donde fue puesto el Señor"*.

Murió como Cordero, pero resucitó como Señor. Señorío significa un control y dominio absolutos.

212 Realidades de la Nueva Creación

Jesús murió en debilidad; resucitó con toda la autoridad, poder y majestad de la Deidad.

Había conquistado las fuerzas oscuras de Satanás.

Había tratado el problema del pecado y redimido a la humanidad.

Hizo que la vida eterna fuera una posibilidad y que ser hijo fuera una gloria.

Ahora le dice a María: *"No me toques"*.

¿Por qué? No había llevado su sangre aún al cielo y sellado el documento de nuestra redención. Las demandas de la justicia aún no habían sido cumplidas.

Jesús, nuestro Sumo Sacerdote

Por lo cual debía ser en todo semejante a sus hermanos, para venir a ser misericordioso y fiel sumo sacerdote en lo que a Dios se refiere, para expiar los pecados del pueblo.

(Hebreos 2:17)

Las demandas de la justicia habían de ser cumplidas primero.

Dios tenía que ser reivindicado ante la corte suprema del universo.

Había dado a su Hijo para redimir a la raza humana.

Ese Hijo había muerto como un sustituto.

Había resucitado como Señor Sumo Sacerdote de un nuevo pacto.

Usted ya sabe, Él había cumplido el antiguo pacto y se había anulado el sacerdocio y la ley de los sacrificios con el antiguo pacto.

Ahora un nuevo pacto ha llegado y debe haber un nuevo sacerdocio.

Debe haber una nueva ley.

El antiguo sacerdocio era para tratar con siervos.

El nuevo sacerdocio es para tratar con hijos.

El antiguo sacerdocio tenía los Diez Mandamientos, llamados "le ley de muerte".

El nuevo pacto tiene solo un mandamiento, "la ley de vida". *"Un mandamiento nuevo os doy: Que os améis unos a otros; como yo os he amado, que también os améis unos a otros"* (Juan 13:34).

Jesús, nuestro Mediador

El primer ministerio que Jesús realizó después de haber llevado su sangre al lugar santísimo celestial, fue el de mediador. *"Y no por sangre de machos cabríos ni de becerros, sino por su propia sangre, entró una vez para siempre en el Lugar Santísimo, habiendo obtenido eterna redención"* (Hebreos 9:12).

Él entró con su propia sangre y esa sangre es el sello sobre el documento de nuestra redención.

Hebreos 9:24 dice que Cristo entró *"en el cielo mismo para presentarse ahora por nosotros ante Dios"*.

Su ministerio como sumo sacerdote se terminó, en lo tocante a nuestra redención. Su obra está terminada. Él dijo: *"Consumado es"* en la cruz, pero eso no hacía referencia a su obra sustitutoria. Eso hacía referencia a su obra terminada del cumplimiento de primer pacto y todo lo perteneciente al mismo.

El sacerdocio, los sacrificios, la expiación y la ley, todo se terminó.

Dejaron de estar operativos.

Ahora el templo se puede destruir: el sacerdocio puede dejar de funcionar, porque su pacto sobre el que se fundamentó todo se ha cumplido y apartado.

Jesús, nuestro Salvador

El siguiente oficio que Jesús cumple es el de Salvador. *"No defraudando, sino mostrándose fieles en todo, para que en todo adornen la doctrina de Dios nuestro Salvador. Porque la gracia de Dios se ha manifestado para salvación a todos los hombres"* (Tito 2:10–11).

Jesús es el Salvador de Dios. *"Porque no hay otro nombre bajo el cielo, dado a los hombres, en que podamos ser salvos"* (Hechos 4:12).

Ningún hombre puede salvarse a sí mismo.

Ningún hombre puede hacerse justo o darse a sí mismo vida eterna. Solo hay un Salvador, Jesucristo hombre, que se entregó a sí mismo por todos nosotros.

Él puede ser un Salvador; Él puede ser el propio Salvador de Dios, pero su obra de salvación estaría limitada y no tendría un verdadero valor a menos que hubiera un mediador entre Dios y los hombres.

Cuántas veces oímos en sermones evangelísticos una invitación a acudir a Jesús y recibir perdón de pecados. Si el que invita a los no creyentes entendiera las buenas nuevas, nunca hablaría así. No es acudir a Jesús sino ir a Dios a través de Jesús.

"Porque hay un solo Dios, y un solo mediador entre Dios y los hombres, Jesucristo hombre el cual se dio a sí mismo en rescate por todos" (1 Timoteo 2:5–6). Hasta que no reconozcamos el ministerio de mediación de Jesús, nuestro ministerio estará contraído.

Ningún hombre puede llegar al Padre sino a través de Él. *"Yo soy el camino, y la verdad, y la vida; y nadie viene al Padre, sino por mí"* (Juan 14:6).

Jesús ahí está magnificando su posición como Mediador.

Lo que el pecador necesita es vida eterna y remisión de sus pecados. Debe ser hecho una nueva creación, pero no puede acercarse a Dios. No tiene posición delante de Dios.

Cuando Adán pecó en el huerto, renunció a su derecho legal de acercarse a Dios.

Jesús, mediante su gran obra sustitutoria, compró el derecho a ser el Mediador entre el Dios inaccesible y el pecador gobernado por el pecado.

Cuando el hombre no salvo se acerca hoy, quiere llegar a Dios.

Quiere la vida eterna.

Quiere que sean limpiados todos sus antiguos pecados.

Jesús está ahí sentado como el Mediador entre Dios y el hombre.

Se puede identificar con el sentimiento de las enfermedades de ese mundo perdido por el cual murió.

Jesús, nuestro Intercesor

Él no solo es el Mediador entre Dios y el hombre, sino que en el momento en que el hombre incrédulo le acepta como su Salvador, también se convierte en su Intercesor.

Cuánto se alegró mi corazón cuando supe esto por primera vez.

Yo tenía a alguien que orase por mí al que sabía que el Padre escucharía.

Recuerdo lo que Jesús dijo cuando estaba ante la tumba de Lázaro: *"Y Jesús, alzando los ojos a lo alto, dijo: Padre, gracias te doy por haberme oído. Yo sabía que siempre me oyes"* (Juan 11:41–42).

Ahora tengo a alguien que responde por mí, alguien que nunca se olvida de mí.

"Por lo cual puede también salvar perpetuamente a los que por él se acercan a Dios, viviendo siempre para interceder por ellos" (Hebreos 7:25). Este es un hecho precioso. La palabra griega que se usa como *"salvar"* aquí es *sozo*, que también se puede traducir por "sanar", y es correctamente usada aquí porque pecado es enfermedad.

La dolencia es una enfermedad, y Jesús vino para *"sozoarnos"* de la mano del enemigo.

¿No es maravilloso que Él siemprevive para hacer intercesión por nosotros; para sanarnos de las enfermedades físicas y espirituales; para restaurar nuestros espíritus quebrantados y sostenernos en la hora de la tentación y de la prueba?

No solo Jesús es nuestro gran Intercesor. Me encanta pensar que Él es un intercesor sacerdotal, pero Él es más que eso.

Jesús, nuestro Abogado

Primera de Juan 2:1 dice: *"Hijitos míos, estas cosas os escribo para que no pequéis; y si alguno hubiere pecado, abogado tenemos para con el Padre, a Jesucristo el justo"*. Esa es una expresión notable y es un maravilloso ministerio.

Ahí se sienta Él a la diestra del Padre, como el Salvador del pecador, como el Mediador del creyente, pero ahora el creyente está fuera de la comunión.

El adversario ha conseguido el dominio sobre él. Está bajo condenación.

Parece como si su corazón se fuera a romper, y entonces se acuerda en medio de su dolor y pena que Jesús es su Abogado, su defensor, que vive para siempre no solo para hacer intercesión por él, sino que Él está ahí para comparecer ante el Padre por él.

Así que el creyente alza su voz y clama: "Padre, en el nombre de Jesús, perdóname", y su gran Abogado susurra: "Padre, pon eso a mi cuenta".

Así que todo queda limpio y una vez más puede estar ante el Padre sin condenación.

Como ve, Él se llama el justo Abogado, porque el creyente que ha pecado ha perdido el sentimiento de justicia y su justicia no vale de nada para él mientras su corazón esté bajo condenación.

Entonces necesita a su justo Abogado, quien puede ir a la presencia del Padre y hacer una apelación por él y restaurar ese gozo perdido y el sentimiento de justicia otra vez.

Verá, el ministerio presente de Jesús es de un valor infinito para el creyente.

Jesús, nuestro Señor

Él no solo es Salvador, Intercesor y Abogado, sino que también es nuestro Señor y Cabeza.

> *Por tanto, de la manera que habéis recibido al Señor Jesucristo, andad en él; arraigados y sobreedificados en él, y confirmados en la fe, así como habéis sido enseñados, abundando en acciones de gracias.* (Colosenses 2:6–7)

Leí esto una y otra vez muchas veces.

Ese versículo era como un almacén lleno de valiosísimos tesoros, pero era como si no pudiera encontrar la clave para acceder.

Entonces encontré esta traducción. Después vi lo que significaba.

Él quería que yo estuviera arraigado y establecido en la realidad del señorío de Jesús sobre mí.

Cuando comencé a estudiar por primera vez sobre su señorío, tenía miedo de Él. Tenía un sentimiento de que significaría esclavitud para mí, pero no fue así.

Solo significaba lo que dice Salmos 23:1: *"Jehová es mi pastor; nada me faltará"*.

¿Por qué? Él me hace descansar en lugares de delicados pastos donde hay comida en abundancia, donde el agua está cerca, donde estoy totalmente protegido de la climatología y de mis enemigos. (Véase Salmos 23:2–3).

Él es mi actual Señor-Pastor.

La palabra *"Señor"* significa *"proveedor de pan, escudo y protector"*.

Él es todo lo que un esposo puede significar para su esposa.

Él es todo lo que un amante puede significar para su amada.

El Padre quiere que esté arraigado, cimentado y edificado en esta bendita verdad.

218 Realidades de la Nueva Creación

Él quiere que mi fe descanse sobre la absoluta certeza del señorío de Jesús sobre mí.

Entonces mi corazón se llenará de gozo abundante y agradecimiento.

Verá, hasta que no conozcamos acerca del señorío de Jesús a la diestra del Padre, nunca tendremos ese calmado descanso en nuestro espíritu.

Usted puede encontrar que prácticamente a todos los creyentes que están viviendo por debajo de sus privilegios, les está costando mucho vivir su vida espiritual

Nunca les han enseñado acerca del ministerio de Jesús a la diestra del Padre.

Hace años, organicé una bendita campaña en Moncton, New Brunswick, Canadá. Meses después, regresé para otra campaña, y pregunté a la congregación: "¿Qué verdad les ayudó más?".

Muchas voces respondieron: "Su enseñanza acerca del ministerio de Jesús a la diestra del Padre".

Jesús, nuestra certeza del nuevo pacto

Él no solo es nuestro Sumo Sacerdote, Salvador, Intercesor, Abogado y Señor, sino que hay otro ministerio de muchísimo valor de mi sentado Señor. Él es "la certeza del nuevo pacto".

Queda, pues, abrogado el mandamiento anterior a causa de su debilidad e ineficacia (pues nada perfeccionó la ley), y de la introducción de una mejor esperanza, por la cual nos acercamos a Dios. (Hebreos 7:18–19)

Mediante un solo golpe Él ha esclarecido el asunto del primer pacto y la ley.

Por su debilidad ellos no podían justificar a los hombres; no podían hacerles santos; no podían dar vida eterna.

Hebreos 10:1–4 arrojará mucha luz sobre esto:

Porque la ley, teniendo la sombra de los bienes venideros, no la imagen misma de las cosas, nunca puede, por los mismos sacrificios que se ofrecen continuamente cada año, hacer perfectos a los que se acercan. De otra manera cesarían de ofrecerse, pues los que tributan este culto, limpios una vez, no tendrían ya más conciencia de pecado. Pero en estos sacrificios cada año se hace memoria de los pecados; porque la sangre de los toros y de los machos cabríos no puede quitar los pecados.

Pero ha llegado un nuevo pacto, y en base a ese nuevo pacto podemos volver a nacer, nacer del cielo, nacer de Dios. Recibimos la naturaleza y vida de Dios Padre.

Podemos convertirnos en la justicia misma de Dios en Él.

¿Puede alguien sobreestimar el valor de un pacto así?

Este es un pacto de amor, un pacto de vida, un pacto de la nueva creación.

Y esto no fue hecho sin juramento; porque los otros ciertamente sin juramento fueron hechos sacerdotes; pero éste, con el juramento del que le dijo: Juró el Señor, y no se arrepentirá: Tú eres sacerdote para siempre….   (Hebreos 7:20–21)

Como ve, Jesús estaba fuera de la familia sacerdotal.

Ellos se hacían sacerdotes naciendo en el sacerdocio de forma natural. El hijo mayor era siempre el sumo sacerdote.

Pero Jesús fue un Sacerdote mediante un juramento de Jehová.

"Juró el Señor, y no se arrepentirá: Tú eres sacerdote para siempre".

Ahora observe esta gran frase: *"Por tanto, Jesús es hecho fiador de un mejor pacto. Y los otros sacerdotes llegaron a ser muchos, debido a que por la muerte no podían continuar; mas éste, por cuanto permanece para siempre, tiene un sacerdocio inmutable"* (Hebreos 7:22–24).

220 Realidades de la Nueva Creación

Hay un sacerdote que habita para siempre como la certeza de este nuevo pacto.

Detrás de este nuevo pacto entonces, lo que llamamos el Nuevo Testamento, tenemos a Jesús como su certeza.

Desde Mateo 1 hasta Apocalipsis 22, Jesús y su trono respaldan cada palabra.

Ahora puede citar Jeremías 1:12: *"Porque yo apresuro mi palabra para ponerla por obra"*. Jesús puede decir: *"El cielo y la tierra pasarán, pero mis palabras no pasarán"* (Mateo 24:35).

Esa es la Palabra del nuevo pacto.

Su sangre es el sello rojo sobre el documento de este pacto. En cuanto a la integridad de ese pacto indisoluble, usted y yo podemos edificar una fe que no puede ser conmovida.

"Se sentó"

Ahora puede entender lo que significa esta bella expresión que se usa en Hebreos: *"se sentó"*.

Regresamos a Hebreos 1:3 y nuestro espíritu se alegra en ello: *"El cual, siendo el resplandor de su gloria* [el eclipse mismo de su gloria], *y la imagen misma de su sustancia, y quien sustenta todas las cosas con la palabra de su poder"*.

La palabra traducida como *"poder"* significa *"capacidad"*. Toda la capacidad de la Deidad respalda ese pacto.

Ahora, observe con cuidado: *"…habiendo efectuado la purificación* [o sustitución] *de nuestros pecados por medio de sí mismo, se sentó a la diestra de la Majestad en las alturas"*.

Él está en el asiento más alto del universo y ocupa el oficio más alto del universo, y Él es mi Señor.

Él es la Cabeza del cuerpo, y *"de su plenitud tomamos todos, y gracia sobre gracia"* (Juan 1:16).

Qué ricos somos. No podemos volver a hablar más de nuestra carencia o nuestras debilidades, de nuestra indignidad, porque el gran sacrificio sustitutorio que Él realizó por nosotros nos ha garantizado vida eterna, y una posición ante el Padre, victoria sobre nuestros enemigos, paz que sobrepasa todo entendimiento, gozo indescriptible.

Todo es nuestro por lo que Él es por nosotros ahora a la diestra de la Majestad en las alturas.

Capítulo 25

POR QUÉ EL HOMBRE NATURAL NO PUEDE CONOCERSE A SÍ MISMO

El hombre en el huerto vivía en el ámbito del espíritu. Tenía una comunión perfecta con Dios. Su espíritu le dominaba. El pecado entró, y él fue expulsado de la presencia de Dios. A partir de ese momento vivió bajo el dominio de sus sentidos. Estos cinco sentidos se convirtieron en su amo. Su espíritu perdió dominio en el momento en que murió espiritualmente, siendo participante de la naturaleza de Satanás. Esto, como entenderá, ocurrió cuando pecó.

El hombre verdadero es un ser espiritual, pero en el momento en que esa muerte espiritual tomó posesión de su espíritu, sus sentidos dominaron.

Perdió su acercamiento a Dios en el momento en que pecó. La naturaleza que recibió le hizo ser antagonista de Dios. *"Por cuanto los designios de la carne son enemistad contra Dios; porque no se sujetan a la ley de Dios, ni tampoco pueden; y los que viven según la carne no pueden agradar a Dios"* (Romanos 8:7–8).

Esta traducción de la palabra griega *sant* como "carne" no trasmite la verdadera intención de la palabra, que es *"sentidos"*.

Primera de Corintios 2:14 declara: *"Pero el hombre natural* [el hombre de los sentidos] *no percibe las cosas que son del Espíritu de Dios, porque para él son locura, y no las puede entender, porque se han de discernir espiritualmente".*

Así que cuando el hombre cayó y su espíritu recibió la naturaleza del adversario, realmente se convirtió en un extraño para sí mismo.

Es un ser espiritual y ya no está dominado por sí mismo sino por su cuerpo en el que vive.

Este le hizo esclavo de su cuerpo en vez de amo del mismo.

Entienda que cuando esto ocurrió en el huerto, perdió el contacto con Dios, perdió su capacidad de acercarse a Él, y salió al mundo para vivir mediante sus sentidos.

Tenemos el dicho actual de "el hombre vive de su ingenio". Es otra manera de expresar lo mismo.

Sabemos que el hombre no puede contactar con Dios mediante sus facultades de raciocinio; que su único contacto con Él es con su espíritu. Al haber muerto espiritualmente, es incapaz de establecer este contacto.

Es muy difícil para el lenguaje del hombre expresar el pensamiento de Dios.

El lenguaje hebreo es un lenguaje muerto y es un lenguaje limitado.

Tenemos muchas palabras para las que el lenguaje hebreo no tiene equivalente.

Por ejemplo, la palabra *ruach*, traducida como "espíritu", puede significar aire, enojo, explosión, aliento, fresco, valor, mente, cuartos, lado, espíritu, tempestad, viento, vano o ventoso; y en un lugar, se ha traducido como torbellino.

Con esto puede ver lo limitado que era el lenguaje hebreo para expresar los pensamientos de Dios.

Esa es la razón por la que la palabra *ruach*, traducida como "espíritu", a menudo se malinterpreta mediante el conocimiento de los sentidos de los traductores. Recuerde que los pensamientos del hombre no son siempre los pensamientos de Dios. El hombre era el producto del amor creado para ser su hijo y compañero. Fue creado en la misma clase de ser de Dios, a su imagen y a su semejanza.

Dios es eterno. El hombre es eterno.

Dios es espíritu. El hombre es espíritu.

El hombre fue creado de tal forma que podía participar de la naturaleza de Dios y convertirse en hijo de Dios.

Ahora anote este hecho: el hombre no puede ser espiritual a menos que sea un espíritu. No puede conocer las cosas espirituales a menos que sea espíritu.

No puede participar de la naturaleza de Dios a menos que esté en la clase de ser de Dios.

Usted puede entender ahora la calamidad que le sobrevino al hombre cuando su espíritu perdió el control sobre sus sentidos.

En ese momento, sus sentidos gobernaron a su espíritu. Todo el conocimiento que el hombre natural tiene ha llegado mediante estas cinco entradas del cuerpo: ver, oír, probar, oler y sentir.

El cerebro no tiene la capacidad de pensar independientemente de las evidencias de los sentidos.

A un hijo que nace sin vista, u oído, o que no siente, se le llamaría imbécil, aunque su cerebro estuviera tan perfecto como el cerebro de cualquier niño.

Ese cerebro no tenía contacto con el mundo porque los sentidos no funcionaban.

Ahora podemos entender que el contacto físico del hombre es con los físico.

Su contacto mental es con la mente.

Su espíritu entonces puede contactar solo con lo espiritual.

Si las facultades de razonamiento del hombre no pueden contactar con Dios, entonces es el espíritu el encargado de establecer ese contacto.

Las facultades de razonamiento del hombre dependen profundamente de los sentidos.

El conocimiento de los sentidos no es capaz de contactar con su espíritu de ninguna forma inteligente hasta que su espíritu haya sido recreado, haya recibido la naturaleza de Dios y sus facultades de razonamiento hayan sido renovadas y entren en armonía con el espíritu recreado.

Ahora podemos entender las dificultades de los psicólogos.

Usted entiende que este es un estudio de la mente del hombre, y si los psicólogos no conocen acerca del espíritu del hombre, de lo que le ocurrió al espíritu del hombre en el huerto, no podrá abordar este tema con ninguna claridad de pensamiento.

La mayoría de nuestros psicólogos niegan que el hombre sea espíritu. Es simplemente un hombre mental o basado en un alma.

Niegan la existencia del espíritu, y esta negación hace imposible que su espíritu funcione.

Ahora puede ver por qué el hombre natural no puede conocerse, porque es espíritu.

Los sentidos no pueden registrar nada del espíritu ni darle ningún conocimiento espiritual.

Alguien que conozca anatomía y psicología puede que no sepa mucho de la mente y puede que no conozca al hombre mismo. Lo único que conoce está conectado con lo físico.

El hombre natural está en la misma condición.

No puede conocer al espíritu ni las cosas espirituales, así que no puede conocerse, porque es espíritu.

Esta es la razón por la que la psicología moderna a veces desorienta, es engañosa.

Los psicólogos modernos están especializándose en psicología funcional o psicología basada en el estudio de los cinco sentidos y su reacción sobre la mente.

El hombre que es una nueva creación encuentra un nuevo yo en Cristo, y ese nuevo yo se convierte casi en algo independiente de los sentidos cuando entra en comunión íntima con el Padre.

"De modo que si alguno está en Cristo, nueva criatura [creación] *es"* (2 Corintios 5:17), un nuevo yo.

El verdadero yo ha sido renovado, recreado.

Eso significa que su espíritu ha sido recreado.

Es imperativo ahora que la mente que deriva todos sus impulsos, todo su conocimiento de los cinco sentidos, se pusiera bajo el dominio de este nuevo espíritu o yo recreado.

Esto solo puede suceder cuando el hombre comienza a estudiar la Palabra y después comienza a practicarla y vivirla.

Es un hecho de gran importancia que cada creyente sepa que no existe tal cosa como entender la Palabra hasta que la mente sea renovada.

La razón de ello es que la Palabra es la obra del Espíritu Santo y es algo espiritual, y el conocimiento de los sentidos no puede entender las cosas espirituales.

Por eso es necesario que su mente sea renovada y entre en comunión con su espíritu.

Es casi imperativo que este espíritu recreado obtenga el dominio sobre sus facultades de razonamiento.

Usted sabe cuán a menudo luchamos con nuestra conciencia, y cuán a menudo se opone a nuestras facultades de razonamiento.

Esa conciencia es la voz de nuestro espíritu.

Si aprendiéramos a obedecer a nuestra conciencia podríamos caminar continuamente en comunión con la Palabra y con el Padre; pero la razón es que no hemos aprendido a darle a nuestro espíritu el lugar de autoridad y dominio que le pertenece.

Educar a nuestro espíritu

Esto nos lleva a otra fase de este estudio.

Su espíritu se puede educar del mismo modo que se educa la mente.

Se puede aumentar su fortaleza así como el cuerpo puede desarrollarse.

Esto se logra mediante la meditación de la Palabra, practicando la Palabra, concediendo a la Palabra el primer lugar y obedeciendo instantáneamente la voz de nuestro espíritu.

Tras un tiempo usted puede conocer la voluntad del Padre en todos los detalles de la vida, porque Él se comunica con su espíritu, y no con sus facultades de razonamiento.

Usted sabe que Pablo habla de ocuparse del espíritu.

"Porque el ocuparse de la carne es muerte, pero el ocuparse del Espíritu [este es nuestro espíritu recreado] *es vida y paz"* (Romanos 8:6). La vida ahí es *zoe*, vida eterna, la naturaleza de Dios.

El espíritu mencionado aquí es el espíritu recreado, no el Espíritu Santo.

Es difícil para nosotros aceptar el hecho de que el hombre natural está gobernado por los cinco sentidos.

Su cuerpo es el maestro de su mente, y no puede crecer en conocimiento más allá de las reacciones de sus sentidos sobre su cerebro.

El hombre que es una nueva criatura tiene oportunidades de crecimiento casi ilimitadas porque su espíritu ha recibido la naturaleza de Dios.

Está en perfecta comunión con su Padre.

Tiene un uso ilimitado del nombre de Jesús que el hombre natural no tiene.

Tiene la sabiduría de Dios, porque Jesús es hecho para él sabiduría. El hombre natural no tiene nada salvo la sabiduría que viene a él mediante su espíritu "no recreado".

El hombre que es una nueva criatura tiene la capacidad de Dios a su disposición.

Es levantado de la esfera de lo natural a la esfera de lo espiritual, y cuando es recreado, tiene el privilegio de tener el Espíritu Santo, que resucitó a Jesús de la muerte, que viene y hace su hogar en su cuerpo.

Ahora puede entender Romanos 12:1–2:

Así que, hermanos, os ruego por las misericordias de Dios, que presentéis vuestros cuerpos en sacrificio vivo, santo, agradable a Dios, que es vuestro culto racional. No os conforméis a este siglo, sino transformaos por medio de la renovación de vuestro entendimiento, para que comprobéis cuál sea la buena voluntad de Dios, agradable y perfecta.

Esto nos demuestra por qué es imperativo tener el cuerpo, la universidad de la mente, bajo el control del espíritu recreado.

Este hombre que es una nueva creación no camina bajo el dominio de los sentidos sino que está gobernado por la Palabra de Dios.

Va a ser difícil para nosotros ver que este cuerpo físico nuestro no es solo el hogar de los cinco sentidos, sino que estos cinco sentidos han sido los instructores y maestros del cerebro.

Esto hace que el cuerpo sea la "universidad" del cerebro. Los cinco sentidos son los maestros.

Este cuerpo es el laboratorio donde el cerebro recibe todas sus instrucciones.

Estos sentidos son cinco entradas al cerebro, porque sabemos que el cerebro no puede funcionar sin los sentidos.

Estos son algunos hechos que puede que resulten difíciles de asimilar.

El cerebro no tiene capacidad creativa. No tiene nada en sí mismo mediante lo que pueda crear. Depende de estos cinco instructores.

El cerebro, mediante mucho entrenamiento, puede aconsejar qué acción es la mejor después de que los sentidos hayan comunicado, pero si los sentidos nunca funcionan, el cerebro nunca se desarrollará.

Mientras el espíritu humano natural esté en esclavitud mediante la muerte espiritual, no tiene capacidad creativa. Esto se puede ver en países paganos donde nunca han recibido vida eterna. Los hombres espiritualmente muertos en esos países no tienen capacidad creativa. Quizá puedan seguir planos; pueden imitar; pueden experimentar como lo hacen en química, pero debe terminar ahí. La capacidad creativa del hombre no está en las facultades de razonamiento.

Lector, ¿no ve la imperiosa necesidad de dar a la juventud de nuestra nación la vida eterna?

Le he demostrado en otro capítulo que los hijos que han recibido vida eterna en la edad adolescente, raras veces hacen locos juramentos; raras veces se convierten en criminales. Es más fácil educarles y controlarles, y responden mejor al atractivo de la Palabra de Dios.

Otro hecho: los inventores saben que esto es cierto, y después de horas de experimentar, sus mentes están cansadas y desgastadas. Se detienen para descansar, y de repente, sin esfuerzo alguno, lo que habían estado buscando les llega a su mente. No saben de dónde vino, pero llegó.

¿Qué lo hizo? Su espíritu habló en cuanto las facultades de razonamiento guardaron silencio y pudieron oírle.

A veces viene en un sueño o a primera hora de la mañana cuando se acaban de despertar.

Los psicólogos están perplejos por esto. No tuvieron respuesta a lo que les parecía un misterio, así que llamaron a ese algo una mente subconsciente.

Pero nosotros los de la nueva creación sabemos que no existe tal cosa como una mente subconsciente; es la mente del espíritu. Es el espíritu luchando por expresarse.

Pero, preguntará usted, ¿no puede el hombre natural cultivar su espíritu?

Sí, pero será el cultivo de un espíritu dominado por la muerte espiritual.

Eso nos ha dado espiritualismo con todos esos cultos peligrosos de India; nos ha dado los extraños milagros de lo oculto que a menudo imitan a Dios.

Aquí tiene algunos datos de vital importancia.

El espíritu recreado se convierte en la fuente de todas las cosas hermosas que el cristianismo nos ha dado.

Mas el fruto del Espíritu es amor, gozo, paz, paciencia, benignidad, bondad, fe, mansedumbre, templanza; contra tales cosas no hay ley. Pero los que son de Cristo han crucificado la carne con sus pasiones y deseos. Si vivimos por el Espíritu, andemos también por el Espíritu.   (Gálatas 5:22–25)

Observe, es el fruto del espíritu, no del Espíritu Santo. Los traductores no deberían haber puesto la palabra espíritu en mayúsculas. El Espíritu Santo no lleva más fruto del que Jesús lleva. Jesús dijo: *"Yo soy la vid, vosotros los pámpanos"* (Juan 15:5). Es el pámpano el que lleva fruto.

El Espíritu Santo ha impartido vida eterna a nuestros espíritus.

Esa vida es la naturaleza del Padre descubierta en Jesús, así que el primer fruto que se ve en la nueva creación es el amor.

"Nosotros sabemos que hemos pasado de muerte a vida, en que amamos a los hermanos" (1 Juan 3:14). Y después un gozo inexplicable y lleno de gloria llena todo nuestro ser.

Después, *"la paz de Dios, que sobrepasa todo entendimiento"* (Filipenses 4:7) es nuestra.

El corazón preocupado está lleno de quietud.

Después cuando sale a contactar con el mundo, se ve la paciencia; benignidad, bondad, fe, mansedumbre, templanza.

Estos son los frutos del espíritu recreado.

Verá, el que ha sido recreado ha crucificado a los sentidos y los ha llevado a un sometimiento a la Palabra.

"Si vivimos por el Espíritu [es decir, por nuestro espíritu recreado], *andemos también por el Espíritu"* (Gálatas 5:25).

Ahora observará que esto está en perfecta armonía con 1 Corintios 13, donde nos habla acerca de la ley de amor que debe gobernar al creyente.

"[El amor] es sufrido, es benigno; el amor no tiene envidia, el amor no es jactancioso, no se envanece no hace nada indebido, no busca lo suyo, no se irrita, no guarda rencor" (1 Corintios 13:5). Estos son los frutos del espíritu recreado.

Es vitalmente importante que entendamos que el espíritu humano recreado es la fuente de la que fluye el amor. El hombre natural solo tiene una fe del conocimiento de los sentidos. El hombre natural cree en las cosas que ve y oye, y las cosas que le han llegado a través de los cinco sentidos. Como Woolworth, que tuvo fe en una tienda de cinco y diez centavos y como Rockefeller, que tuvo fe en el petróleo y la gasolina.

El amor, la fe y el valor son los frutos del espíritu humano recreado.

La conducta que ha hecho a los cristianos destacar en la sociedad, ha sido el fruto del espíritu humano recreado.

Usted puede *ver* con mucha claridad cómo el hombre natural no podía conocerse a sí mismo.

No debemos olvidar que el espíritu humano natural se puede cultivar.

Vemos esto entre las sociedades ocultas, entre espiritistas y otros que están comunión cercana con los demonios.

¿Quién es sabio y entendido entre vosotros? Muestre por la buena conducta sus obras en sabia mansedumbre. Pero si tenéis celos amargos y contención en vuestro corazón, no os jactéis, ni mintáis contra la verdad; porque esta sabiduría no es la que desciende de lo alto, sino terrenal, animal, diabólica. (Santiago 3:13–15)

Después, en el versículo 17, nos habla de la sabiduría que viene de arriba. Es verdadera y apacible. Este contraste es sugerente. La sabiduría no es un producto de las facultades del razonamiento, sino del espíritu humano. El espíritu humano natural puede contactar con las fuerzas demoniacas, así como el espíritu humano recreado contacta con Dios.

Los obreros cristianos deberían familiarizarse con esta verdad. Deberían poder discernir enseguida si una persona está dominada por un demonio o no.

En mi trabajo en oración por los enfermos mentales, he visto gran parte de las profundidades de Satanás y cómo consigue un dominio absoluto sobre las facultades de razonamiento mediante el espíritu humano natural.

Capítulo 26

ALGUNOS HECHOS ACERCA DE PENTECOSTÉS

Siempre hay un peligro en leer en el Antiguo Testamento y en los cuatro Evangelios algunos de los hechos que solo se revelan en las epístolas.

Está el peligro de atribuir a los discípulos antes del día de Pentecostés muchas cosas que no son ciertas.

Permítame hacer esta afirmación primero y luego lo demostraremos.

Nadie que caminó con Jesús durante sus tres años y medio de ministerio público nació de nuevo, fue una nueva criatura, o tuvo vida eterna. Nadie bajo el primer pacto tuvo vida eterna hasta el día de Pentecostés.

Pero algunos podrían preguntar: ¿Acaso los discípulos no creían en Jesús?

Sí, pero no como su sustituto, no como su Salvador que iba a morir y resucitar de la muerte.

Creían en Él como el Hijo de Dios, como un gran profeta, como el que iba a redimirles del yugo romano y establecer de nuevo una nación judía.

No sabían nada de su obra sustitutoria.

En Juan 11:25–27 leemos la historia de Marta y la conversación de Jesús acerca de la muerte de Lázaro:

Le dijo Jesús: Yo soy la resurrección y la vida; el que cree en mí, aunque esté muerto, vivirá. Y todo aquel que vive y cree en mí, no morirá eternamente. ¿Crees esto? Le dijo: Sí, Señor; yo he creído que tú eres el Cristo, el Hijo de Dios, que has venido al mundo.

Ella no creía en Él como Salvador.

No creía en su redención.

Ellos no sabían nada de su obra redentora.

Él no podía aclarárselo.

Pablo nos dice por qué en 1 Corintios 2:14: *"Pero el hombre natural no percibe las cosas que son del Espíritu de Dios, porque para él son locura, y no las puede entender, porque se han de discernir espiritualmente".*

Ellos no sabían que Él iba a resucitar de los muertos, e incluso después de resucitar no lo creyeron.

En Lucas 24:11, dice: *"Mas a ellos les parecían locura las palabras de ellas, y no las creían".*

Ellos no sabían nada de la nueva creación.

Cierto, Jesús le había dicho a Nicodemo: *"Os es necesario nacer de nuevo"* (Juan 3:7), pero él no lo entendió.

Nicodemo respondió: *"¿Cómo puede hacerse esto?"* (Juan 3:9).

Él no sabía nada acerca de recibir vida eterna y su efecto sobre el hombre.

Cierto, Jesús dijo: *"Yo he venido para que tengan vida, y para que la tengan en abundancia"* (Juan 10:10). Y: *"El que oye mi palabra, y cree al que me envió, tiene vida eterna; y no vendrá a condenación, mas ha pasado de muerte a vida"* (Juan 5:24).

Eso fue profecía por parte de Jesús.

No sabían nada acerca de la justicia, de la capacidad de estar en la presencia del Padre sin condenación.

No sabían nada de la comunión con el Padre y con Jesucristo.

Nunca habían tenido comunión con el Maestro, así como un hombre no creyente hoy no puede tener comunión con un hijo de Dios. Ellos no sabían nada de lo que significa ser hijo o de la familia de Dios.

Eran judíos bajo la ley; siervos, nada más.

No sabían nada del Padre en realidad.

Él tan solo era Dios para ellos.

No sabían nada de la presencia del Espíritu Santo morando en los corazones.

Habían oído la enseñanza de Jesús pero no la habían entendido.

No sabían nada del nuevo tipo de amor que Jesús llevó. No gobernaba sus vidas ni les tocaba, y no podía hasta que fueran recreados.

No entendieron lo que Juan el Bautista quiso decir cuando dijo: *"Pero el que viene tras mí, cuyo calzado yo no soy digno de llevar, es más poderoso que yo; él os bautizará* [sumergirá] *en Espíritu Santo y fuego"* (Mateo 3:11).

Si compara usted eso con 1 Corintios 12:13, sabrá lo que significa ser bautizado en el Espíritu Santo. El término se usa incorrectamente por la mayoría de los creyentes hoy: *"Porque por un solo Espíritu fuimos todos bautizados en un cuerpo, sean judíos o griegos, sean esclavos o libres; y a todos se nos dio a beber de un mismo Espíritu".*

Esto hace referencia al nuevo nacimiento, a la nueva creación.

Jesús les dijo: *"Porque Juan ciertamente bautizó con agua, mas vosotros seréis bautizados con el Espíritu Santo dentro de no muchos días"* (Hechos 1:5).

Usted sabe que cuando uno es bautizado se mete en el agua, no es llenado de agua. Cuando es bautizado en el Espíritu Santo, no queda lleno del Espíritu Santo.

Ahora lea Hechos 2:1–4:

> *Cuando llegó el día de Pentecostés, estaban todos unánimes juntos. Y de repente vino del cielo un estruendo como de un viento recio que soplaba, el cual llenó toda la casa donde estaban sentados; y se les aparecieron lenguas repartidas, como de fuego, asentándose sobre cada uno de ellos. Y fueron todos llenos del Espíritu Santo, y comenzaron a hablar en otras lenguas, según el Espíritu les daba que hablasen.*

El Espíritu Santo llenó esa habitación donde estaban sentados, y fueron todos inmersos en el Espíritu Santo. En otras palabras, fueron todos recreados, recibieron vida eterna.

Lo segundo que ocurrió, *"se les aparecieron lenguas repartidas, como de fuego, asentándose sobre cada uno de ellos"*. Esas lenguas de fuego demostraron que el evangelio iba a ser predicado por hombres con lenguas de fuego, un mensaje que no se podría soportar.

Esteban fue el primer hombre que pagó el precio de tener una lengua de fuego. Le apedrearon hasta la muerte.

Lo tercero que ocurrió en ese aposento, *"Y fueron todos llenos del Espíritu Santo"*. Entienda que no podían recibir el Espíritu Santo hasta que no fueran recreados.

Lo tercero que ocurrió ese maravilloso día fue que el Espíritu entró en sus cuerpos.

Jesús dijo que estaría con los discípulos, que estaría en ellos. Ellos no lo entendieron, pero ahora la realidad de eso había llegado. Habían sido recreados.

Habían recibido la naturaleza y la vida de Dios.

Ahora el Espíritu va a tomarles.

Va a usar sus cuerdas vocales para hablar su propio mensaje. Después, la cuarta cosa sorprendente ocurrió. Ellos *"comenzaron a hablar en otras lenguas, según el Espíritu les daba que hablasen"*.

Es muy importante que nos demos cuenta de esto: los discípulos estaban entrando en las cosas que no habían concebido antes de ningún modo.

Ahora puede entender lo que significó cuando Jesús dijo que iban a ser bautizados en el Espíritu. Esa inmersión había significado el recibimiento de la vida eterna, su unión con la Deidad. Significó que el cuerpo de Cristo había vuelto a existir. Lo que llamamos *eklesia*, la iglesia, se acababa de convertir en algo real en el mundo.

Los hijos e hijas de Dios estaban en ese aposento alto donde solo había habido hacía unas pocas horas unos cuantos siervos.

Las palabras *"seréis bautizados con el Espíritu Santo"* nunca se usaron después del día de Pentecostés en ningún lugar salvo en Hechos 11:16.

Esta es la historia de los gentiles recibiendo a Cristo como Salvador. Pedro estaba en Jope. Hay un centurión enviado a buscarle para que fuese a hablarle acerca del Maestro. Y mientras Pedro estaba predicando, el Espíritu Santo cayó sobre los que oían la Palabra. Fue casi idéntico a lo que había ocurrido el día de Pentecostés. Pedro regresó a Jerusalén y les dijo a los apóstoles lo que había ocurrido, cómo los gentiles habían tenido la misma experiencia que ellos habían vivido en el aposento alto.

Y cuando comencé a hablar, cayó el Espíritu Santo sobre ellos también, como sobre nosotros al principio. Entonces me acordé de lo dicho por el Señor, cuando dijo: Juan ciertamente bautizó en agua, mas vosotros seréis bautizados con el Espíritu Santo. Si Dios, pues, les concedió también el mismo don que a nosotros que hemos creído en el Señor Jesucristo, ¿quién era yo que pudiese estorbar a Dios? (Hechos 11:15–17)

Los discípulos nunca creyeron en Jesús hasta el día de Pentecostés. La fe que tenían era solo una fe del conocimiento de los sentidos. Solo podían creer en las cosas que podían ver, oír y sentir.

Ahora observe este hecho: la expresión "¿Ha recibido su bautismo?" no es bíblica cuando está hablando acerca del Espíritu Santo, porque en Hechos 8:14–17 está la historia de Samaria recibiendo a Cristo, de Felipe bautizándoles y luego de los apóstoles descendiendo de Jerusalén y poniendo sus manos sobre ellos y estos recibieron el Espíritu Santo.

Aconteció que entre tanto que Apolos estaba en Corinto, Pablo, después de recorrer las regiones superiores, vino a Efeso, y hallando a ciertos discípulos, les dijo: ¿Recibisteis el Espíritu Santo cuando creísteis? Y ellos le dijeron: Ni siquiera hemos oído si hay Espíritu Santo. Entonces dijo: ¿En qué, pues, fuisteis bautizados? Ellos dijeron: En el bautismo de Juan. Dijo Pablo: Juan bautizó con bautismo de arrepentimiento, diciendo al pueblo que creyesen en aquel que vendría después de él, esto es, en Jesús el Cristo. Cuando oyeron esto, fueron bautizados en el nombre del Señor Jesús. Y habiéndoles impuesto Pablo las manos, vino sobre ellos el Espíritu Santo; y hablaban en lenguas, y profetizaban. Eran por todos unos doce hombres. (Hechos 19:1–7)

Entienda este hecho: en ningún lugar en las epístolas paulinas está esa expresión usada del modo en que la usan los cristianos hoy. Nunca deberíamos preguntarle a una persona: "¿Has recibido tu bautismo?". "¿Has recibido tu experiencia según Hechos 2:11–4?". Cuando lo hacemos, traicionamos nuestra falta de conocimiento de la Palabra. Según el libro de Hechos, está claro que un hombre recibe vida eterna antes de poder recibir el Espíritu Santo como una presencia que mora en su interior.

Capítulo 27

¿QUÉ HA HECHO CON EL AMOR?

Jesús trajo al mundo un nuevo tipo de amor. Al entender este nuevo tipo de amor, nos damos cuenta de que nunca existió el amor hasta entonces.

Lo que llamábamos amor era atracción sexual. En países paganos, no hay amor. Es mera atracción sexual a duras penas mayor que la que vemos en el mundo animal.

Pero Jesús trajo algo nuevo. La palabra griega se ha traducido como "caridad" o "amor" en nuestras Biblias. Nunca se debería haber traducido así. La palabra griega se debía haber utilizado tal cual, *ágape*, y haber dado una explicación.

Cuando nacemos de nuevo, nacemos en amor. Hemos descubierto que Dios es amor, y así, el nuevo nacimiento es la impartición de esta naturaleza del Padre. Nos convertimos en hijos de amor. Es una familia de amor en la que hemos nacido.

Pablo hablando en Romanos 5:5 dice: *"Porque el amor de Dios ha sido derramado en nuestros corazones"*, nos ha absorbido; nos ha tomado.

Esta naturaleza de amor es la ley de la nueva creación.

Un mandamiento nuevo os doy: Que os améis [ágape] unos a otros; como yo os he amado [ágape-ado], que también os améis [*ágape*] *unos a otros. En esto conocerán todos que sois mis discípulos, si tuviereis amor* [*ágape*] *los unos con los otros.*

(Juan 13:34–35)

Iba a ser el sello, la marca, si quiere, que nos diferenciaría de las personas del mundo.

Pablo dijo: *"Porque yo traigo en mi cuerpo las marcas del Señor Jesús"* (Gálatas 6:17). Quiso decir las cicatrices y heridas que le habían producido sus perseguidores.

Pero el creyente lleva las marcas, la marca de amor sobre su espíritu.

Romanos 12:5–6 dice que todo hombre, cuando llega a la familia, tiene una medida de fe que recibe. Él debe cultivar esa fe y desarrollarla.

Lo mismo ocurre respecto a este nuevo tipo de amor. Cuando usted llega a la familia, se le da una medida de ese amor. Llega con una nueva naturaleza, la naturaleza de amor.

Esta naturaleza de amor se debe desarrollar a medida que desarrolla su vida de fe.

A medida que usted le da al amor libertad para crecer y actuar como debería ser naturalmente, obtendrá el control de todo su ser. Se debe alimentar de la Palabra de Dios; debe expresarse en acción. *"No sólo de pan vivirá el hombre, sino de toda palabra que sale de la boca de Dios"* (Mateo 4:4).

Verá, el verdadero hombre de quien está Él hablando es su espíritu. Su espíritu tiene hambre, y las necesidades de su espíritu son tan grandes como sus necesidades mentales o físicas.

Su espíritu debe tener el privilegio de meditar en la Palabra. Usted debe aprender a alimentarse de ella así como lo hacía Jeremías: *"Y yo las comí"* (Jeremías 15:16).

Ahora usted alimenta y ejercita esto nuevo que ha recibido practicando el amor. El ejercicio lo hace fuerte, así como el ejercicio físico fortalece su cuerpo.

Colosenses 3:16 dice: *"La palabra de Cristo more en abundancia en vosotros"*, obteniendo la preferencia sobre todas sus facultades. Esta vida de amor le hace ser amable, como Jesús. Le hace fuerte y vigoroso como el Maestro. Le hace no tener nada de miedo en su caminar con el Señor.

Algunas personas han encarcelado el amor. Leímos recientemente acerca de un padre que encerró a su hijo en un desván y le mantuvo prisionero hasta que el niño estuvo a punto de morir.

Cuántos han hecho lo mismo con el amor. En vez de dejar que el amor tenga su mover perfecto y control, lo hemos limitado. Hemos olvidado que el amor hará que el hombre sea exitoso. Le pondrá por encima donde ninguna otra cosa le podría hacer victorioso. El amor nunca falla. Es la regla maestra. Sacará al hombre del egocentrismo, de la debilidad y el fracaso, y le llevará a la fortaleza y capacidad de Cristo.

No hay fuerza en el mundo que no pueda dominar.

No hace ser queridos.

Nos hace ser una bendición.

Nos capacita para ocupar el lugar de Jesús.

A veces me he preguntado qué ocurriría si un hombre se atreviera a llegar al límite con el amor.

Algunos lo han menospreciado, actuando como si no lo tuvieran; ignorando profundamente su esencia, y a la vez quieren la ayuda del Padre en tiempos de necesidad.

El amor debe ocupar el trono del corazón.

Debe gobernar la vida.

Cuando el amor toma el reino de nuestro espíritu, ese maravilloso pasaje de 2 Corintios 5:14–15 se convierte en una realidad viva:

> *Porque el amor de Cristo nos constriñe* [o mejor, "ha obtenido el control y nos ha tomado"], *pensando esto: que si uno*

murió por todos, luego todos murieron; y por todos murió, para que los que viven, ya no vivan para sí, sino para aquel que murió y resucitó por ellos.

Los amigos de Pablo le habían desafiado. Habían dicho que estaba loco, pero el amor de Cristo le había encendido tanto, que estaba ardiendo lentamente. Su ser mismo estaba saturado con la pasión que llevó a Jesús a la cruz.

Ahora puede entender 1 Corintios 10:24: *"Ninguno busque su propio bien, sino el del otro".*

Cuando el amor arde con gran emoción, el egoísmo deja de reinar. Qué cosa más triste es que el egoísmo tenga parte en el gobierno de esta nueva creación.

El egoísmo es tan mortal como el veneno.

Es veneno para el espíritu.

Es veneno para el cuerpo de Cristo.

Causa prácticamente todas las enfermedades del cuerpo.

Es algo extraño cómo el egoísmo es algo que el hombre nunca ha temido.

Lo teme en el otro, pero no en sí mismo.

Es la causa de todas las guerras que se han producido; de todas las huelgas, la batalla entre el trabajo y el capital, y la lucha en política.

Eso que nació en el huerto ha crecido tanto que gobierna las naciones de la tierra, y el amor es lo único que puede destruirlo.

Primera de Juan 4:16 fue uno de los versículos más difíciles que me encontré jamás. No parecía que fuera a poder entrar en ello jamás: *"Y nosotros hemos conocido y creído el amor que Dios tiene para con nosotros. Dios es amor; y el que permanece en amor, permanece en Dios, y Dios en él".*

Estos son tres grandes hechos: Primero, he llegado a creer en el amor. Creo que lo mejor es dejar que él gobierne mi vida. He llegado a creer que es el mejor método de gobernar un hogar, una empresa o un gobierno. Usted conoce solo a unas cuantas personas que creen en el amor. Creen en la fuerza; creen en la intriga; creen en los argumentos del conocimiento de los sentidos.

Si, en su corazón, cree que el amor es la mejor manera, entonces póngalo en práctica. No solo es lo mejor, sino que es su manera. Es la manera en la que camina independientemente de cómo caminen los demás; usted va a caminar en amor, y cuando lo hace, descubre que está viviendo en la esfera del amor.

Su hogar está en amor. Cuando se sale del amor, entra en la oscuridad y la infelicidad, y por eso ha aprendido a quedarse en la senda del amor.

Ha descubierto que vivir en amor es de hecho vivir en la comunión más alta y dulce con el Padre.

Es de hecho vivir con Él. Él ha llegado a su cuerpo para hacer de él su hogar.

El siguiente versículo me parecía muy difícil en esos primeros días, cuando descubrí por primera vez esta ley de amor y este camino de amor.

"En esto se ha perfeccionado el amor en nosotros, para que tengamos confianza en el día del juicio; pues como él es, así somos nosotros en este mundo" (1 Juan 4:17). ¿A qué se refería con eso? El amor es perfecto en sí mismo, pero debe obtener el control perfecto de mí. Cuando el amor se convierte en la regla de mi vida, crezco en él hasta que mi vida es dominada, dirigida, gobernada por él, y eso me da un valor calmado en su presencia.

Verá, Él es amor y yo soy un hijo del amor. Ahora estoy caminando en la esfera del amor.

Estoy pensando en términos del amor.

Estoy actuando según la regla del amor.

Entonces puede entender que no hay temor en el amor. Hay temor en todo lo demás.

Cuando usted está fuera del amor, dice y hace cosas que le daría miedo afrontar. Piensa cosas por amor que no quisiera convertir en propiedad pública.

"El perfecto amor echa fuera el temor; porque el temor lleva en sí castigo [o tormento]. *De donde el que teme, no ha sido perfeccionado en el amor"* (1 Juan 4:18).

Ahora puede entender que si caminamos en el camino de amor y la vida de amor nos controla, no diremos nada; no haremos nada; rehusaremos por completo a pensar en nada fuera del amor.

¿No ve qué vida tan valiente sería?

No importa lo que ocurra, usted sebe que está caminando en amor.

Cuando usted habla, sabe que es en amor.

Efesios 4:15 ilustra esto: *"Sino que siguiendo la verdad en amor, crezcamos en todo en aquel que es la cabeza, esto es, Cristo".*

Hablar sin amor es hablar desafinado. Está fuera de tono. Rompe la armonía.

Hace temblar los oídos de los hombres y mujeres que caminan en amor.

Así pues, toda nuestra vida gira en la órbita de este nuevo tipo de amor; esta vida de la nueva creación.

Esto es lo que Pablo nos dio. *"Como también yo en todas las cosas agrado a todos, no procurando mi propio beneficio, sino el de muchos, para que sean salvos"* (1 Corintios 10:33).

Y después dice: *"Sed imitadores de mí, así como yo de Cristo"* (1 Corintios 11:1).

Eso es escudriñar el corazón, ¿no cree?

No vivir para beneficiarme de mis hermanos, sino vivir solo para ayudarles. Pero cómo nos desafía 1 Corintios 9:21–22. Él dijo, en los versículos 20–22:

Me he hecho a los judíos como judío, para ganar a los judíos [había dejado de ser judío; se había convertido en una nueva creación, un cristiano]; *a los que están sujetos a la ley (aunque yo no esté sujeto a la ley) como sujeto a la ley, para ganar a los que están sujetos a la ley; a los que están sin ley, como si yo estuviera sin ley (no estando yo sin ley de Dios, sino bajo la ley de Cristo), para ganar a los que están sin ley. Me he hecho débil a los débiles, para ganar a los débiles; a todos me he hecho de todo, para que de todos modos salve a algunos.*

(1 Corintios 9:20–22)

¡Qué trabajadores cristianos seríamos si el amor nos derritiera y nos metiera en ese molde! ¡Qué creyentes en Jesús seríamos! ¡Qué ganadores de almas! ¡Qué poderosos hombres y mujeres de Dios!

Verá, el evangelio es primero.

Los perdidos deben ser alcanzados; deben conocer esta nueva vida.

En Romanos 15:1 hay otro desafío del creyente para su hermano creyente: *"Así que, los que somos fuertes debemos soportar las flaquezas de los débiles, y no agradarnos a nosotros mismos".*

En el tercer versículo, clama: *"Porque ni aun Cristo se agradó a sí mismo".* Esta es la línea de batalla puesta para nosotros.

Es ahí donde debemos comenzar nuestra lucha con el reino del egoísmo.

Es una aventura amorosa y no debemos vivir fuera de ella.

Esta es una esfera del amor, y vivir fuera de la misma es destruir nuestra utilidad.

La nueva ley que iba a ocupar el lugar de los antiguos Diez Mandamientos la dio Jesús en Juan 13:34. Recuerde que Él cumplió el antiguo pacto y estableció un nuevo pacto en su sangre. Y ahora dijo: "*Un mandamiento nuevo os doy* [o una nueva ley]: *Que os améis unos a otros; como yo os he amado, que también os améis unos a otros*".

Los hombres que viven en esta realidad, bajo la nueva ley, nunca cometerán pecado.

Oiga esto otra vez, con Juan 13:35: "*Un mandamiento nuevo os doy: Que os améis unos a otros; como yo os he amado, que también os améis unos a otros. En esto conocerán todos que sois mis discípulos, si tuviereis amor los unos con los otros*".

Tome con esto Romanos 13:10: "*El amor no hace mal al prójimo; así que el cumplimiento de la ley es el amor*".

No son necesarios ahora los Diez Mandamientos para que podamos estar en Cristo.

Estamos en la familia del amor y caminamos en amor, y al caminar en amor, no hacemos mal a nadie. Eso hará que vivamos la clase de vida más hermosa posible. Nunca más dureza, amargura, palabras despectivas que salgan de nuestra boca. Ya no más insinuaciones crueles, ni dolorosos sarcasmos. Todas nuestras palabras deberían estar empapadas de amor antes de salir, literalmente saturadas de amor. Esas palabras no necesitarían ningún perfume artificial. Tendrían la dulce fragancia del cielo mismo.

¡Qué hogares producirían!

Qué asambleas de creyentes donde no habría ninguna palabra desagradable.

Verá, cuando estudié la vida del Maestro, vi que Él nunca tuvo sospecha.

Me preguntaba cómo pudo estar por encima de toda sospecha, rodeado como estaba de esa multitud de hombres impíos, pero Él era amor. El amor destruye la sospecha.

Jesús nunca salió de la esfera del amor.

Estaba viviendo la vida.

Estaba caminando en el nuevo camino. Él construyó el nuevo camino.

Verá, este es el nuevo orden del hombre adulto en Cristo.

Es la medida de la estatura de la plenitud de Cristo.

Esto crearía un avivamiento de la vida de Jesús entre los hombres, ¿no es cierto?

Sería bueno para nosotros leer diariamente 1 Corintios 13, al menos los ocho primeros versículos. Entonces seríamos pacientes con la gente y seríamos amables mientras sufrimos.

El amor obtendría el control de nosotros de tal forma que no habría envidia. Agradeceríamos al Padre el éxito de otros.

Nunca nos entusiasmaríamos con nuestro propio éxito, porque dice que el amor *"no es jactancioso, no se envanece"* (1 Corintios 13:4).

Nuestra conducta ante el mundo sería una de restricción, restricción de amor, y seríamos tan amables con los marginados como lo seríamos con los ricos.

Nunca nos comportaríamos de manera indecorosa.

Nadie oiría nunca una palabra dura de nuestros labios, ni una crítica desagradable.

La vida de amor nos gobernaría.

Dice que el amor *"no busca lo suyo"* (1 Corintios 13:5). No es intentar tener preferencia sobre alguien. Y si otros necesitan lo que tenemos, lo compartimos con ellos.

Nunca iríamos a la ley; nunca regañaríamos o discutiríamos incluso por las cosas que nos pertenecen.

Este nuevo tipo de amor nos hace ser tan grandes que el egoísmo queda totalmente eliminado.

Verá, en la nueva creación nos dieron un nuevo yo, un yo de amor; un yo nacido de Dios, un yo como el yo de Jesús que tenía en su caminar en la tierra.

No estamos buscando lo nuestro.

Ellos no pueden provocarnos, y rehusamos tener en cuenta el mal.

Nunca nos gozamos de la injusticia, solo nos gozamos en la verdad, en las cosas que son reales.

Primera de Corintios 13:7 nos asombra. El texto dice que el amor *"todo lo sufre"*, pero Young lo traduce como "cubrir cuidadosamente". Thayer lo traduce como que el amor "cubre con silencio".

¿De qué están hablando? Oh, es un escándalo. Es algo que ha ocurrido que es indecoroso; algo que si se supiera dañaría quizá a mucha gente; podría provocar una división en la asamblea; podría romper una familia.

¿Qué hacemos? Lo cubrimos cuidadosamente con silencio.

Nunca lo mencionamos, y la cosa muere ahí y nadie sale herido. Oiga esto: El amor *"todo lo cree, todo lo espera, todo lo soporta"* (1 Corintios 13:7). Y luego el clímax: El amor *"nunca deja de ser"* (1 Corintios 13:8).

Deberíamos recordar esto.

Ágape, este nuevo tipo de amor, nunca sufre bancarrota. La bandera roja nunca se ve tras su morada. Aquí es donde el amor se mueve y gobierna, una reina sobre su trono.

El amor me ha hecho vencedor

Vi esta traducción en mi espíritu, de 1 Juan 4:4: *"Hijitos, vosotros sois de Dios, y los habéis vencido; porque mayor es el que está en vosotros, que el que está en el mundo"*.

Entonces mi corazón entró en una clínica espiritual, y comencé a hacer un diagnóstico de la vida de mi corazón. Comencé a investigar las realidades del amor.

Vi que 1 Corintios 13:1-4 era un tipo de resumen del fracaso de la religión del conocimiento de los sentidos. Es un sumario de lo mejor que el conocimiento de los sentidos podría darle al mundo.

Si hablo con lenguaje de hombres y de ángeles, que es el logro más elevado de un lingüista, pero no tengo amor, "*vengo a ser como metal que resuena, o címbalo que retiñe*" (1 Corintios 13:1). Mi capacidad lingüística no es sino ruido, una discordancia tintineante, falta de armonía. Después, si tuviera todo el conocimiento y conociera todos los misterios, y tuviera toda la fe de tal forma que pudiera mover montañas, y mi fe basada en el conocimiento de los sentidos me hubiera hecho ser un gran empresario, pero no tengo amor, no soy nada.

O si tengo un conocimiento tan grande que las universidades se sentirían honradas de darme sus títulos, (y él lo dice de manera suave y delicada), pero no tengo amor, "*nada soy*" (1 Corintios 13:2).

Esta es la clínica de Dios. Esto es lo que más escudriña el corazón que el ser humano haya visto jamás.

Ahora Él me lleva a la realidad de un filántropo donde me convierto en Carnegie o en Rockefeller, y entrego millones de millones para ayudar a los necesitados, y llego a un punto donde doy mi cuerpo en servicio hasta que se desgasta, pero Él dice: "Si no tienes amor, si no tienes esta nueva clase de amor que yo he dado al mundo, todos tus esfuerzos son nada".

Me quedé atónito ante esto. Podía ver ahora que el escolasticismo, la cultura, todo lo que las facultades modernas nos han dado, viaje, música, arte, todo esto no tiene valor alguno a menos que el amor, este nuevo tipo de amor, domine mi vida.

Cuando al final de la lista, si eso es todo lo que tengo, voy a mi Hacedor con las manos vacías, soy un fracaso.

Verá, la nueva creación es la única solución.

La nueva creación se creó del amor. Fue creada en Cristo Jesús, es la obra de Dios en Cristo.

Dios creó al primer hombre del polvo de la tierra.

El segundo hombre lo creó de sí mismo.

El primer hombre es de la tierra, terrenal.

Este último hombre que Él ha hecho fue creado de la justicia, santidad y realidad, de la misma naturaleza del Padre.

Verá, esto es lo más grande del mundo. ¿Por qué?

Porque es la naturaleza de Dios que nos es impartida a nosotros.

Es Dios obrando en nosotros.

Es Dios obrando a través de nosotros.

Es Dios edificándose en nuestro espíritu, hasta que nuestro espíritu domine las facultades de razonamiento de nuestro conocimiento de los sentidos y las armonice con el conocimiento de Él.

Nos hace más que agradables. Nos da la genialidad creativa del amor que llena el mismo corazón del Padre de gozo. Nos convertimos tanto en alguien como Jesús, que la vid y los pámpanos ilustran nuestra unión. Nos convertimos en un espejo en el que el Padre se ve a sí mismo.

Este nuevo amor nos ha dado un nuevo yo, un yo de amor, un yo como Jesús.

La antigua religión de luchar con el yo y crucificar el yo es medieval.

No pertenece al cristianismo. Pertenece a las religiones orientales.

Vemos al hombre a través de unos nuevos ojos de amor.

Es el nuevo tipo de amor que nos ha dado una nueva visión.

Solo podemos ver las cosas buenas.

Recuerde esa traducción que mencionamos antes acerca del amor, que el amor todo lo soporta. Literalmente cubre cuidadosamente, o cubre con silencio todo lo que no es decoroso. No hay escándalo. No hay viejas heridas que tapar.

El amor solo puede ver a Dios en nosotros, y Dios solo puede verse a sí mismo en nosotros.

Vemos las sobrecargas de los hombres para que podamos llevarlas.

Vemos sus enfermedades para que podamos compartir con ellos.

Vemos sus debilidades para darles nuestra fuerza.

Vemos su pobreza para darles nuestro dinero.

Nos convertimos en hombres y mujeres como Jesús.

Como una batería se carga con la electricidad, nosotros nos cargamos con amor.

Estamos en su presencia alimentándonos de la Palabra hasta que todo nuestro ser se satura de Él.

Después, cuando salimos y ministramos a la gente, somos luces, pequeños luminares iluminando un camino en la vida donde el pecado no tiene parte y la miseria que procede del pecado no puede entrar nunca.

Ahora entendemos lo que significa caminar en amor; lo que significa estar en Cristo.

De algún modo, el versículo de 2 Corintios 5:4 comienza a desplegarse, donde Él habla de nuestro ser mortal siendo tragado por la vida.

Esa es la naturaleza del Padre. Esto mortal no puede ahora vestirse de inmortalidad, sin embargo se pone la misma vida y naturaleza del Padre para que nuestro rostro brille con la gloria de nuestro Cristo, y su salud, vigor y fortaleza se derraman a través de nosotros.

Simplemente somos tragados por la vida.

Todo lo que era mortal, lo que ha estado emitiendo mensajes a través de los sentidos al cerebro, ahora es envuelto, inmerso, abrumado con la naturaleza de amor del Padre.

Imagínese lo que podría significar esto, mi ser siendo engullido por el amor, envuelto por el amor, inmerso en amor hasta que el amor no solo se trague mi mortalidad, sino que se trague mi espíritu.

"Me he ahogado en un mar de vida", como lo dice la traducción de Way. ¡Oh, amor que no me dejará ir hasta que vea un destello de esta fuente! ¡Oh, amor que me ha seguido todos estos años para poder demostrarme en mi espíritu, alma y cuerpo la totalidad de la redención que se consiguió en Jesucristo hombre!

ACERCA DEL AUTOR

E. W. Kenyon nació en el condado de Saratoga, Nueva York, siendo el cuarto hijo de una familia de diez. Cuando estaba en su adolescencia, la familia se mudó a Amsterdam, Nueva York, en Mohawk Valley. Creció en Amsterdam, estudió en Amsterdam Academy, y a los diecinueve años, predicó su primer sermón en la iglesia metodista allí.

Desde sus comienzos, Kenyon tuvo una sed de conocimiento, y lo que aprendía quería transmitírselo a otros. Ese deseo de estudiar fue la fuerza motriz de su vida. Siendo joven, sintió el llamado al ministerio.

Se fue abriendo paso en todos sus estudios, asistiendo a varias escuelas en New Hampshire, así como en Emerson College en Boston, Massachusetts.

Fue pastor de varias iglesias en los estados de Nueva Inglaterra. A los treinta años, fundó y se convirtió en el presidente del Instituto Bíblico Bethel en Spencer, Massachusetts. (La escuela después se llevó a Providence, Rhode Island, y se conoció como Instituto Bíblico Providence).

A través de su ministerio en Bethel, cientos de hombres y mujeres jóvenes fueron formados y ordenados para el ministerio y están ahora predicando la Palabra en todas partes del mundo.

Tras viajar por todo el noreste, predicando el evangelio y viendo la salvación y la sanidad de miles, Kenyon se mudó a California, donde continuó viajando en labores evangelísticas. Fue pastor de una iglesia en Los Ángeles durante varios años y fue uno de los pioneros de la obra en la radio en la costa del Pacífico.

En 1931 fue al noreste, y durante mucho años su programa matinal, *Kenyon's Church of the Air*, fue una inspiración y bendición para miles.

Fundó la iglesia New Covenant Baptist Church en Seattle y fue su pastor durante muchos años.

Durante los años más ocupados de su ministerio, encontró el tiempo para escribir y publicar catorce libros, así como cursos por correspondencia y folletos, y escribió cientos de poemas y canciones. En el momento de su muerte, había reunido material para doce libros más, y uno estaba listo para publicarse. Dejó cientos de artículos y sermones que nunca se han publicado hasta el momento. La obra que comenzó ha continuado bendiciendo a innumerables miles de personas más.